MaHaBote

Marcus Schmieke

MaHaBote

Das Geheimnis deines Geburtstags

HANS-NIETSCH-VERLAG

© Hans-Nietsch-Verlag 2004
Alle Rechte vorbehalten.
Nachdruck, auch auszugsweise, nur mit ausdrücklicher
Genehmigung des Verlages gestattet.

7. Auflage, Juli 2021

Lektorat: Dr. Richard Reschika
Korrektorat: Thomas Menzel
Layout: Kurt Liebig
Satz: Hans-Jürgen Maurer
Covergestaltung: Peter Krafft
Druck: Dimograf Sp. z o.o., Bielsko-Biała/Polen

Hans-Nietsch-Verlag
Industriestraße 20
64380 Roßdorf

Internet: www.nietsch.de
E-Mail: info@nietsch.de

ISBN: 978-3-934647-59-6

Inhalt

Vorwort

Vor einigen Jahren wurde ich durch meine US-amerikanische Astrologielehrerin das erste Mal auf MaHaBote, die in Burma gebräuchliche Form der Astrologie, aufmerksam gemacht. Sie sagte, MaHaBote sei die ideale Ergänzung für jemanden, der westliche, chinesische, indische oder irgendeine andere Art der Astrologie praktiziert, denn damit könne er auf einen Blick ein klares Bild von einer Person bekommen.

Genauso empfohlen sei MaHaBote für alle, die noch gar kein astrologisches System beherrschen, da es sich in wenigen Stunden erlernen lässt und ein tiefes Gefühl für die Wirkung der Planeten auf einen Menschen weckt. Es sei ein kleines Juwel, das ihr seit vielen Jahren unschätzbare Dienste leiste.

Das System erschien mir jedoch zu einfach. Ich konnte nicht glauben, dass es mir noch etwas bringen würde, hatte ich doch bereits die komplexe vedische Astrologie studiert.

Wieder einmal musste ich erfahren, dass alles seine Zeit hat. Es war genau drei Jahre später, als mich eine besorgte Mutter aus Norddeutschland anrief, deren Tochter ein ernsthaftes Beziehungsproblem hatte. Ihr attraktives Äußeres wirkte sehr anziehend auf Männer und sie ging eine Beziehung nach der anderen ein, doch keiner ihrer Verehrer meinte es wirklich ernst mit ihr. Da mein Computer zu diesem Zeitpunkt gerade nicht einsatzfähig war, konnte ich ihr Horoskop allerdings nicht erstellen.

So kam mir plötzlich MaHaBote wieder in den Sinn. Ich erinnerte mich an die einfache Methode, wie ein Geburtshoroskop nur anhand des Geburtsjahres und -wochentages der betreffenden Person erstellt wird. Es zeigte sich, dass die Tochter an einem Saturntag (Samstag) geborenworden war. Der strenge und ernsthafte Saturn charakterisiert daher im MaHaBote-Horoskop ganz unmittelbar ihr Wesen und ihre Intentionen. Venus hingegen, die in allen astrologischen Systemen der Welt Liebe, Partnerschaft und Weiblichkeit repräsentiert, gilt im MaHaBote generell als die größte Feindin des Planeten Saturn. Im MaHaBote-Horoskop der Tochter war die Venus im Haus des Ruhmes platziert. Im Haus des Ruhmes wirken die anziehenden spielerischen und weiblichen Eigenschaften der Venus sehr stark nach außen und ziehen die Männer an, während es doch dem innersten Wunsch der Tochter entsprach, eine sehr verlässliche und ernsthafte Partnerschaft zu haben. Innere und äußere Wirklichkeit standen also in direktem Widerspruch zueinander. Auf der Grundlage der Lösungsmöglichkeiten, die das MaHaBote-Horoskop aufzeigte, gab ich der besorgten Mutter einige Hinweise, die der Tochter geholfen haben, die Situation zu klären.

Diese kleine Begebenheit inspirierte mich, tiefer in die Astrologie aus Burma, dem heutigen Myanmar, einzusteigen. Zu meiner großen Überraschung stellte ich noch am gleichen Tag fest, dass Prinzessin Diana, die ehemalige Gattin des britischen Thronfolgers, genau das gleiche MaHaBote-Horoskop besaß wie die Tochter (die zu allem Überfluss auch den Namen Diana trug).

In der Folge untersuchte ich Tausende von Geburtsdaten zumeist berühmter Persönlichkeiten nach diesem System. Es wurde deutlich, dass alle Menschen durch 56 verschiedene energetische Grundmuster verstanden werden können, die die 56 Horoskope des MaHaBote bilden. So besteht der Hauptteil dieses Buches in einer systematischen Darstellung und Deutung aller 56 MaHaBote-Horoskope mit jeweils einer kleinen Liste prominenter Menschen, die mit dieser Konstellation geboren wurden. Die Ausführungen am Anfang und Ende dieses Buches geben Ihnen einen kleinen Einblick in die Grundlagen des MaHaBote.

Nun wünsche ich Ihnen bei Ihrer Erkundungsreise durch die Schätze des MaHaBote viel Freude und Erkenntnis.

Ihr Marcus Schmieke

Einleitung

MaHaBote ist ein uraltes und besonders leistungsfähiges astrologisches System, das hilft, uns selbst und andere Menschen besser zu verstehen. Es macht auch praktische Vorschläge, wie wir unser Potenzial erkennen und optimal nutzen können. Umso erstaunlicher ist es, dass sich MaHaBote in wenigen Stunden vollständig erlernen und ein MaHaBote-Horsokop im Kopf bei einem Spaziergang im Wald erstellen lässt.

Mit diesem Buch möchte ich Ihnen den Zugang zu Ihrem eigenen MaHaBote-Horoskop jedoch weiter erleichtern. Sie brauchen keinerlei Berechnungen durchzuführen, nicht einmal ganz einfache. Auch müssen Sie die Deutungsregeln des MaHaBote nicht erlernen. Allein mit Ihrem Geburtsjahr und Ihrem Geburts-Wochentag können Sie Ihr eigenes MaHa-Bote-Horoskop finden und die dazugehörigen Interpretationen lesen.

Dies ist möglich, da das System des MaHaBote die gesamte Menschheit in genau 56 Grundtypen einteilt. Diese 56 Grundtypen bilden sieben Familien mit jeweils acht Mitgliedern. Jeder einzelne Typ umfasst also viele Millionen Menschen, ist jedoch gleichzeitig so charakteristisch, dass Sie sich leicht wiedererkennen und wichtige Einsichten über Ihre Persönlichkeit und Verhaltensweisen gewinnen können. MaHaBote zeigt Ihnen Ihre Stärken und

Schwächen, aber auch Ihre Aufgaben, Chancen und Herausforderungen.

Sie mögen sich fragen, wie es sein kann, dass 56 Typen genügen, um Milliarden Menschen zu beschreiben. Sicherlich haben Sie schon die Erfahrung gemacht, dass sich zwei äußerlich grundverschiedene Menschen vom Typ her sehr stark ähneln können. Hatten Sie nicht auch schon einmal das Gefühl, bestimmten Typen immer wieder zu begegnen? Das lässt sich gut am Beispiel verschiedener Bäume verdeutlichen. Fragt ein Großstadtbewohner bei einem Waldspaziergang nach einem bestimmten Baum, so interessiert er sich in erster Linie, zu welcher Gattung er gehört. Es reicht ihm zu wissen, ob es sich um eine Eiche, Buche oder Fichte handelt. Damit ist zwar nicht erfasst, wie viele Zweige der Baum hat und wie groß er ist, doch lässt sich daraus ableiten, welche Früchte er trägt, wann er blüht, wie alt er wird, wofür man sein Holz verwenden kann usw. Ebenso gibt der Grundtyp des MaHaBote einen tiefen Einblick in die Wesensart eines Menschen.

Vergleicht man Menschen des gleichen Grundtyps miteinander, so stellt man fest, dass jeder Einzelne die Anlagen seines MaHaBote-Horoskops unterschiedlich im Leben umsetzt. Zwei Menschen mögen beide eine starke und gut platzierte Venus haben. Der eine nutzt diese positiven Energien im kreativen künstlerischen Bereich, während sie der andere eher im Bereich der Liebe und Beziehungen einsetzt.

Zu jedem der 56 Horoskope finden Sie in diesem Buch die Namen mehrerer prominenter Persönlichkeiten, die dem jeweiligen Grundtyp angehören. Es werden Ihnen schnell die Gemeinsamkeiten dieser Menschen auffallen, und trotzdem handelt es sich um unverwechselbare Individuen, die die gleichen Anlagen aus dem Horoskop auf ganz eigene Weise zum Ausdruck bringen.

Das MaHaBote-Horoskop stellt daher im Gegensatz zu einem Horoskop der vedischen oder westlichen Tradition nicht einen individuellen Fingerabdruck dar, sondern gibt einen grundsätzlichen Einblick in die Persönlichkeit eines Menschen. Dafür müssen Sie auch keine komplexen Berechnungen anstellen und keine zehn Jahre studieren, bevor Sie ein Horoskop deuten können. Ein weiterer Vorteil des MaHaBote-Systems gegenüber komplexeren Formen der Astrologie ist, dass es den Blick sofort auf die wesentlichen Charakterzüge und Merkmale eines Menschen lenkt. Es gibt kaum einen besseren Weg, um unmittelbar so viel über einen Menschen zu verstehen.

Um Ihr eigenes Horoskop zu finden, brauchen Sie nur zwei Informationen: das Jahr und den Wochentag Ihrer Geburt. Falls Ihnen dieser nicht bekannt ist, können Sie den ewigen Kalender im Anhang dieses Buches befragen. Mit diesen beiden Informationen ausgestattet, können Sie nun durch einfaches Blättern in diesem Buch den Grundtyp finden, der

Ihrem Geburtsjahr und Ihrem Geburts-Wochentag entspricht. Lediglich der Mittwoch stellt eine Besonderheit dar, denn ihm sind zwei Grundtypen zugeordnet, der eine ist vormittags geboren, der andere nach dem Mittag.

Auf die gleiche Weise können Sie das MaHaBote-Horoskop Ihrer Familienmitglieder, Freunde und Bekannten bestimmen. Es wird Ihnen helfen, andere Menschen zu verstehen und zu lernen, sie so zu nehmen, wie sie wirklich sind. Hat man das einmal erkannt, fällt es einem viel leichter, tolerant und verständnisvoll zu sein.

Besonders effektiv ist dies in Bezug auf Kinder, die noch das größte Potenzial haben, sich zu entwickeln und zu verändern. Gerade für Eltern ist MaHaBote daher ein wertvolles Mittel, um ihre Kinder besser zu verstehen und grobe Fehler im Umgang mit ihnen zu vermeiden.

Sie können ein MaHaBote-Horoskop jedoch nicht nur für Menschen, sondern auch für Geschäfte, Beziehungen, Initiativen, Häuser etc. erstellen. Wichtig ist dabei nur, dass Sie den Tag der Gründung oder des Beginns der jeweiligen Initiative herausfinden und nach dem gleichen Muster das richtige Horoskop ermitteln. Sie müssen dann lediglich die Beschreibungen auf den jeweiligen Fall bezogen umdeuten.

Der Ursprung von MaHaBote

Wie viele astrologische Systeme, so geht auch MaHaBote auf die vedische Astrologie Indiens zurück, die vor tausend Jahren auch im Königreich Burma große Verbreitung besaß. Um das Jahr 1056 nach Christus vereinfachten burmesische Mönche die klassische vedische Astrologie und verbanden sie mit dem traditionellen burmesischen Wissen über Zukunftsdeutung. Heraus kam die einfachste Form von Astrologie, die vorstellbar erscheint.

Die Mönche hüteten MaHaBote wie ein kostbares Juwel und zu seinem Schutz wurde die Auffassung vertreten, dass es nur an burmesische Menschen besten Charakters weitergegeben werden dürfe. Die Meister des MaHaBote wussten, welche Gefahr einem solchen System droht, wenn es in die Hände von unwissenden oder sogar böswilligen Menschen gerät. So gelangte MaHaBote tatsächlich bis zum Ende des vorigen Jahrhunderts nicht außerhalb der Grenzen Burmas. Erst vor etwas mehr als einem Jahrzehnt entschloss sich die MaHaBote-Meisterin Daw Hla Than, diese alte Tradition zu durchbrechen. Sie hatte erkannt, dass die Menschen im Westen durch MaHaBote einen großen Nutzen erfahren können und mittlerweile auch die notwendige Reife für einen verantwortungsbewussten Umgang damit besteht. So lehrte sie MaHaBote der begnadeten

Astrologin Barbara Cameron, die dann begann, im kleinen Kreis ausgewählte Menschen zu unterrichten.

Der burmesische Kalender

Die Astrologie des MaHaBote beruht auf der einfachen, aber genialen Einsicht, dass sich die energetischen Einflüsse im Leben eines Menschen am besten anhand von Siebener-Zyklen beschreiben lassen, die sich auf zwei Ebenen ständig wiederholen. Diese Zyklen stehen in Verbindung zu den sieben klassischen Planeten, deren Einfluss auf den Menschen täglich und jährlich wechselt.

Der kleine Zyklus ist auf der ganzen Welt seit Urzeiten als die Woche bekannt und hat in fast allen Sprachen den sieben Wochentagen ihre Namen gegeben. Auch in der deutschen Sprache heißt der von der Sonne beherrschte Tag Sonntag und der vom Mond dominierte Tag Montag.

Weniger bekannt ist jedoch, dass auch jedes Jahr unter dem Einfluss genau eines Planeten steht und somit sieben Jahre zu einer Jahres-Woche zusammengefasst werden können.

MaHaBote beruht nicht auf dem in Europa gebräuchlichen Gregorianischen Kalender, sondern auf der Einsicht der alten Mönche, dass der beherrschende Planet des Jahres jeweils zum 15. April wechselt. Weiterhin geht MaHaBote davon aus, dass der Tag nicht um Mitternacht beginnt, wenn die Sonne unterhalb des Horizontes auf ihrem tiefsten Punkt steht, sondern zum Zeitpunkt des Sonnenaufgangs.

Auf der Suche nach Ihrem eigenen MaHaBote-Horoskop müssen Sie diese beiden Dinge berücksichtigen: 1. Der Tag beginnt mit Sonnenaufgang, Montag früh um 3 Uhr ist daher noch Sonntag. 2. Das Jahr beginnt jeweils am 15. April mit Sonnenaufgang. Beispielsweise gehört der 14. April 1965 noch zum Jahr 1964.

Das Horoskop im MaHaBote

In den komplexen Bewegungen und Phasen der Planeten, Sterne und Tierkreiszeichen fanden die burmesischen Mönche zwei einfache Zyklen, die beide auf der Zahl Sieben beruhen. Sie erkannten, dass die sieben klassischen Planeten Sonne, Mond, Mars, Merkur, Jupiter, Venus und Saturn – in dieser Reihenfolge – die sieben Wochentage beherrschen und gleichzeitig auch jedes Jahr von einem der sieben Planeten regiert wird. Jeweils sieben Jahre bilden demnach eine große Woche, ebenfalls mit der gleichen Planetenabfolge wie die Wochentage. Die Tabelle rechts zeigt die Beziehung zwischen Planeten, Jahren und Wochentagen:

Planet	Wochentag	Planetenjahr
Sonne	Sonntag	Sonnenjahr
Mond	Montag	Mondjahr
Mars	Dienstag	Marsjahr
Merkur	Mittwoch	Merkurjahr
Jupiter	Donnerstag	Jupiterjahr
Venus	Freitag	Venusjahr
Saturn	Samstag	Saturnjahr

Die Mönche entdeckten, dass Menschen, die an einem bestimmten Wochentag in einem bestimmten Planetenjahr geboren sind, ein identisches Grundmuster in sich tragen, das anzeigt, in welcher Form ihnen die Energien der sieben Planeten in diesem Leben zur Verfügung stehen. Auch zeigt das Muster, welche Planetenenergien sich gegenseitig unterstützen und welche sich nicht miteinander vertragen. Hieraus ergibt sich ein individueller Schlüssel zur Bewältigung von Lebensaufgaben und zur vollständigen Erschließung des eigenen Potenzials.

Eine Erweiterung dieser Siebener-Zyklen ergibt sich dadurch, dass der Mittwoch von zwei Planeten beherrscht wird: einerseits von Merkur und andererseits (nach dem Mittag) von dem Schattenplaneten Rahu, der in der westlichen Astrologie als der aufsteigende Mondknoten bekannt ist. Somit können die acht Phasen eines Wochenzyklus mit den sieben verschienen Planetenjahren multipliziert werden und es ergeben sich 56 verschiedene Planetenmuster oder Horoskope.

Die Planeten im MaHaBote

Der folgenden Aufstellung können Sie in Kurzform entnehmen, welche Eigenschaften die acht Planeten im MaHaBote repräsentieren:

Sonne: Selbstbewusstsein, Autorität, Vater, Willenskraft, Vitalität, Karriere, Bemühungen, Individualität
Mond: Gefühle, Geist, Reisen, Bewegung, Persönlichkeit, Mutter, Natur, Frieden
Mars: Energie, Kraft, Kampf, Enthusiasmus, Sexualität, Männer
Merkur: Kommunikation, Geschicktheit, Humor, Diplomatie, Logik, Verstand, Kinder
Jupiter: Wissen, Weisheit, Spiritualität, Bildung, Lehrer, Priester, Religion
Venus: Liebe, Beziehungen, Schönheit, Kunst, Musik, Geschäft, Reichtum, Komfort, Frauen
Saturn: Konzentration auf das Wesentliche, Disziplin, Arbeit, Pflichtbewusstsein, Demut, Alter, Standhaftigkeit, Bewahren, konservative Einstellung

Rahu: Transzendenz, Rebellion, Freiheit, Neugierde, Beschreiten unkonventioneller Wege, Aktivität, Rastlosigkeit, Ungeduld, Entschlossenheit, Unabhängigkeit, Intelligenz, Redegewandtheit, Wildheit

Die sieben Häuser im MaHaBote-Horoskop

Jedes Haus im MaHaBote-Horoskop repräsentiert einen Aspekt oder eine Funktion des Bewusstseins des Menschen. Im Gegensatz zur klassischen vedischen oder westlichen Astrologie steht es jedoch nicht für einen konkreten Lebensbereich wie Familie, Geld oder Arbeit, sondern zeigt, wie sich die darin befindliche Planetenenergie im Leben eines Menschen auswirken kann. So repräsentiert ein Haus beispielsweise die Art und Weise, wie ein Mensch seine Umgebung wahrnimmt bzw. von ihr wahrgenommen wird, während ein anderes Haus zeigt, wodurch wir wirklich innere Zufriedenheit finden können. Die Eigenschaften eines Planeten werden dann mit denen des Hauses in Beziehung gesetzt. Mit Beginn eines neuen Jahres wandern alle Planeten in ein neues Haus. Eine bestimmte Planetenstellung wiederholt sich auf diese Weise genau alle sieben Jahre.

Das folgende Diagramm zeigt die Anordnung der sieben Häuser im MaHaBote-Horoskop und wie sie traditionell bezeichnet werden:

	Führung	
	Haus 7	
Ruhm	**Reichtum**	**Ideale**
Haus 3	Haus 4	Haus 5
Extreme	**Unbeständigkeit**	**Störung**
Haus 2	Haus 1	Haus 6

Der folgende Abschnitt gibt einen kleinen Einblick in die Bedeutung der sieben Häuser:

Haus 1: Unbeständigkeit
Ein Planet, der in diesem Haus steht, ist unzuverlässig. Das bedeutet, dass wir uns nicht darauf verlassen können, dass uns seine positiven Energien immer zur Verfügung stehen. Mal mögen sie präsent sein und im nächsten Moment nicht. Was immer dieser Planet gibt, mögen wir auch schnell wieder verlieren. Doch selbst ein solcher Verlust ist nicht von Dauer, da wir das einmal Verlorene auch schnell wiedergewinnen können. Der Lebensbereich, der mit dem in diesem Haus platzierten Planeten verbunden ist, entwickelt sich vielleicht nur langsam. Auf einen Schritt vorwärts mag ein Schritt zurück folgen.

Haus 2: Extreme

Die Energien eines Planeten, der im zweiten Haus platziert ist, wirken sich in unserem Leben auf extreme Weise aus. Für die von diesem Planeten repräsentierte Energie finden wir kein Mittelmaß, sondern handeln nach dem Motto „Alles oder nichts".

Haus 3: Ruhm

Der Planet, der im dritten Haus platziert ist, sagt etwas über den Ruf der betreffenden Person aus, wie sie auf andere wirkt, was andere über sie denken und welche Schwingungen sie aussendet. Er zeigt auch, wie wir die Außenwelt wahrnehmen und uns ihr gegenüber verhalten.

Haus 4: Reichtum

Das vierte Haus zeigt uns die Quellen unserer Zufriedenheit. Der hier stehende Planet weist darauf hin, wodurch wir im Leben tatsächlich Zufriedenheit und Glück erlangen können. Reichtum bezieht sich daher nicht notwendigerweise auf Geld und Wohlstand, sondern auf das, was für unsere Zufriedenheit am wichtigsten ist.

Haus 5: Ideale

Das fünfte Haus weist auf unsere Wünsche und Ziele hin, auf unsere Träume und Visionen. Es zeigt, welche Dinge und Eigenschaften wir in oder bei anderen bewundern und uns auch für uns selbst wünschen.

Wir werden in jedem Fall versuchen, diese Ziele zu erreichen. Die Ergebnisse werden uns jedoch wahrscheinlich niemals wirklich zufrieden stellen. Doch das wird uns nicht entmutigen, weiter danach zu streben.

Haus 6: Störung

Das sechste Haus ist sehr schwierig zu interpretieren. Von ihm geht ein ständiger negativer Einfluss aus, der sich vor allem in Krankheiten und Wechseln ausdrücken kann. Ein positiver Aspekt dieses Hauses ist jedoch, dass wir seinen negativen Einfluss abschwächen können, indem wir unsere Umgebung und unsere Lebensumstände dementsprechend verändern.

Haus 7: Führung

Das siebte Haus steht für das, was uns im Leben am stärksten motiviert. Der in diesem Haus platzierte Planet weist auf das hin, was uns am stärksten bewegt und motiviert. Er weist auch auf unsere zumeist verborgenen Talente hin. Er entspricht den Talenten, die uns selbst so natürlich erscheinen, dass wir sie an uns selbst nicht einmal wahrnehmen. Sie können bereits zur zweiten Natur geworden sein.

Die Planetenfamilie

Das Jahr, in dem ein Mensch geboren wurde, bestimmt, in welchen Häusern die Planeten stehen und welche Beziehungen sie zueinander eingehen. Der Planet, der dieses Jahr beherrscht, steht in der Mitte des Horoskops und spielt eine dominierende Rolle. Alle Menschen, die in diesem Jahr geboren wurden, gehören zu der gleichen Planetenfamilie, die nach dem Planeten in der Mitte des Horoskops benannt ist. Aus der Zugehörigkeit zu einer Planetenfamilie lassen sich bereits tief greifende Einsichten in das Wesen eines Menschen und seine Aufgaben in der Welt ableiten.

Da die Planeten alle sieben Jahre das gleiche Muster bilden, weisen Menschen, die beispielsweise 1960 geboren sind, das gleiche Grundmuster auf wie Menschen, die 1967 oder 1953 geboren wurden.

Sie können einfach in den folgenden Seiten blättern, bis Sie die Planetenfamilie gefunden haben, die Ihrem Geburtsjahr entspricht. Diese Familie wird in einem Deutungstext ausführlich beschrieben.

Das individuelle Horoskop und der Geburtsplanet

Jede Planetenfamilie enthält acht Horoskope, für jeden Wochentag eins, sowie ein zweites für den Mittwoch nach dem Mittag. Der Planet, der den jeweiligen Wochentag beherrscht, spielt eine besondere Rolle im Horoskop und wird Geburtsplanet genannt. Dieser Planet stellt unsere persönliche Hauptenergie dar. Man kann sagen, dass der

Geburtsplanet in unserem Horoskop uns selbst repräsentiert. Er hat den entscheidenden Einfluss auf unseren Charakter und tritt in unserem Leben auch als der größte Beschützer auf.

Ist jemand Mittwoch nach 12 Uhr mittags geboren, so hat er den Schattenplanet Rahu als Geburtsplaneten. Nur in diesem Fall taucht Rahu überhaupt im MaHaBote-Horoskop auf und ersetzt den Merkur. Mit der folgenden Tabelle können Sie für den Wochentag Ihrer Geburt den Geburtsplaneten ermitteln:

Wochentag	Planet
Sonntag	Sonne
Montag	Mond
Dienstag	Mars
Mittwoch vormittag	Merkur
Mittwoch nach dem Mittag	Rahu
Donnerstag	Jupiter
Freitag	Venus
Samstag	Saturn

Während bei den Planetenfamilien alle Planetenenergien gleichwertig nebeneinander stehen, wird im individuellen MaHaBote-Horoskop also der Geburtsplanet zum dominierenden Faktor.

Die Beziehung der Planeten zueinander

Um die Planetenenergien in den 56 Horoskopen richtig interpretieren zu können, berücksichtigt man zusätzlich die Beziehung der Planeten zum Geburtsplanet. In der burmesischen Astrologie ist eindeutig festgelegt, welche Planeten ein freundschaftliches, feindschaftliches, positives, negatives oder neutrales Verhältnis zueinander haben. Die folgende Tabelle zeigt die Beziehung der Planeten auf einen Blick:

	Freunde	*Positive Beziehung*	*Feinde*	*Negative Beziehung*
Sonne	Jupiter	Saturn	Mars	Merkur
Mond	Merkur	Jupiter	Jupiter	Mars
Mars	Venus	Rahu	Sonne	Mond
Merkur	Mond	Venus	Rahu	Sonne
Jupiter	Sonne	Mond	Mond	Rahu
Venus	Mars	Merkur	Saturn	Saturn
Saturn	Rahu	Sonne	Venus	Venus
Rahu	Saturn	Mars	Merkur	Jupiter

Hierbei gilt, dass die Energien zweier Planeten gut und aktiv zusammenarbeiten, wenn die Planeten Freunde sind. Die Energien zweier positiv zueinander eingestellten Planeten harmonieren und können aktiv zusammenwirken, wenn sich die beiden Planetenenergien bewusst begegnen.

Sind zwei Planeten einander feindlich gesonnen, so gibt es zwischen ihren Energien einen permanenten Konflikt, während die Energien zweier Planeten mit negativer Beziehung nur in Konflikt geraten, wenn sie bewusst zusammengebracht werden.

Alle Beziehungen zwischen Planeten, die in der Tabelle nicht aufgeführt sind, sind neutral.

Die Beziehung der einzelnen Planeten zu unserem Geburtsplanet zeigt so, ob sich die jeweilige Planetenenergie in unserem Leben generell förderlich oder hemmend auswirkt.

Ist jemand beispielsweise an einem Sonntag geboren, so ist die Sonne sein Geburtsplanet. Mars steht der Sonne als Feind gegenüber. Hierin drückt sich der Konflikt aus, der zwischen Führung und Kraft auftreten kann. Die Sonne repräsentiert Autorität und Macht, während Mars die ungebändigte Energie und Kraft verkörpert, die sich nur schwerlich einem Autoritätsanspruch unterordnet. Sonne und Mars verhalten sich ähnlich zueinander wie Regierung und Militär. Der Saturn ist der Sonne hingegen positiv gesonnen. Die Sonne kann daher zur Untermauerung ihres Führungsanspruches jederzeit auf die Disziplin und das Verantwortungsbewusstsein von Saturn bauen. Daher harmonieren die Energien von Saturn und Sonne miteinander.

Um die Wirkung und Stärke eines Planeten in

einem MaHaBote-Horoskop zu ermitteln, betrachtet man als erstes die Beziehung des Planeten zum Geburtsplaneten. Zur verfeinerten Deutung kann man auch die Beziehung aller sieben Planeten untereinander einbeziehen. Eine detailliertere Darlegung dieser Interpretationsregeln ginge jedoch über den Rahmen dieses Buches hinaus.

Das MaHaBote-Horoskop als Abbild des Menschen

Die Geometrie des MaHaBote-Horoskops bildet das Bewusstsein eines Menschen als ein Ganzes ab. Es besteht aus drei mal drei Feldern, von denen nur sieben als Häuser genutzt werden. Die drei Zeilen und Spalten des Horoskops werden unterschiedlichen Bereichen des Bewusstseins zugeordnet, wie folgende Abbildung zeigt:

	Äußeres Bewusstsein	Nicht fokussiertes Bewusstsein	Inneres Bewusstsein
Vordergrund des Bewusstseins		*Führung* Haus 7	
Mittlere Bewusstseinsebene	*Ruhm* Haus 3	*Reichtum* Haus 4	*Ideale* Haus 5
Hintergrund des Bewusstseins	*Extreme* Haus 2	*Unbeständigkeit* Haus 1	*Störung* Haus 6

Die vertikale Struktur des Horoskops bildet die drei Ebenen des Bewusstseins ab:

Das siebte Haus bildet den Vordergrund des Bewusstseins. Es wird als das Haus der Führung bezeichnet und zeigt, wie unsere erste Wahrnehmung von Geschehnissen in unserer Umgebung ist und wie wir spontan darauf reagieren. Die Planetenenergie in diesem Haus übernimmt daher gewöhnlich die Führung im Bewusstseinsfeld und weist auf unsere verborgenen Talente und Gaben hin.

Die zweite Ebene mit den Häusern drei, vier und fünf bildet die mittlere Bewusstseinsebene des Alltagsbewusstseins ab, die uns ohne große Anstrengung jederzeit zugänglich ist.

Die tiefste Ebene mit den Häusern zwei, eins und sechs stellt den unbewussten Bereich unseres Bewusstseins dar, auf den wir im Allgemeinen keinen direkten Zugriff haben.

Die horizontale Struktur besteht ebenfalls aus drei Teilen, die verschiedene Bewusstseinszustände abbilden. Die linke Spalte mit den Häusern zwei und drei enthält die Energien, die aktiviert werden, wenn wir unser Bewusstsein auf die äußere Wirklichkeit richten, und zeigten daher, wie wir die Welt wahrnehmen und auf sie reagieren, und ebenso, welchen Eindruck wir auf andere machen und wie diese auf uns reagieren. Die Planetenenergie im dritten Haus weist darauf hin, wie wir uns nach außen hin darstellen und ob diese Selbstdarstellung unserem eigentlichen Wesen entspricht. Das zweite Haus enthält die Planetenenergie, die sich in unserem Leben in Extremen manifestiert.

Die rechte Spalte mit den Häusern fünf und sechs enthält die Energien, die in unserem Bewusstsein wirken, wenn wir mit uns selbst beschäftigt sind und unsere Aufmerksamkeit nach innen richten. Dabei stellt das fünfte Haus die Energie dar, die uns attraktiv und begehrenswert erscheint, von der wir aber zumeist glauben, zu wenig davon zu besitzen. Der Planet im sechsten Haus zeigt den Schattenbereich unseres Bewussteins, auf den wir negative Gedanken, Wünsche und Gefühle projizieren.

Die mittlere Spalte des Horoskops repräsentiert mit den Häusern eins, vier und sieben die Energien, die in unserem Bewusstsein aktiv sind, wenn es weder nach außen noch nach innen gerichtet ist, sondern sich in einem entspannten Zustand befindet.

Im Zentrum dieser mittleren Spalte befindet sich das vierte Haus, das unsere energetische Mitte anzeigt und darauf hinweist, was uns im Leben tatsächlich Zufriedenheit und Glück schenkt. Es weist auf den Bewussteinszustand hin, in dem wir uns befinden, wenn wir stressfrei in unserer Mitte ruhen. Die Planetenenergie in diesem Haus bildet das Zentrum des Horoskops und gibt daher auch der Planetenfamilie ihren Namen. Als Venusjahre werden beispielsweise die Jahre bezeichnet, in denen Venus im Haus in der Mitte des Horoskops und damit in der Mitte des Bewusstseins steht.

Das erste Haus, an der Basis der mittleren Spalte des Horoskops, enthält die Planetenenergie, die uns von allen Energien als letzte zu Bewusstsein kommt. Sie repräsentiert einen vernachlässigten Aspekt unseres Denkens, Fühlens und Wollens, der sich daher nicht besonders weit entwickeln konnte. Die Energien dieses Hauses stehen uns nur auf sehr unzuverlässige und häufig unreife Weise zur Verfügung.

Die Planetenfamilien und die 56 MaHaBote-Horoskope

So einfach finden Sie Ihre Planetenfamilie und Ihr persönliches MaHaBote-Horoskop:

Schritt 1: Die Auswahl der Planetenfamilie

Als erstes können Sie mit Hilfe Ihres Geburtsjahres die Planetenfamilie ermitteln, der Sie angehören. Schauen Sie einfach in der Tabelle auf Seite XX nach, die Ihr Geburtsjahr einer Planetenfamilie zuordnet. Zu jeder Familie finden Sie im Folgenden jeweils einen Text über grundlegende Charaktereigenschaften und Wesensmerkmale.

Schritt 2: Die Auswahl des individuellen MaHaBote-Horoskops

Ermitteln Sie mit Hilfe des ewigen Kalenders auf Seite XX den Wochentag Ihrer Geburt. Mit dieser Information können Sie nun innerhalb Ihrer Planetenfamilie Ihr individuelles MaHaBote-Horoskop finden. Es enthält einen vertiefenden Text, der die grundlegenden Informationen zu der Planetenfamilie mit weiteren Einsichten in Wesen und Aufgaben ergänzt.

Die Sonnen-Familie

	Führung	
	Mars	
Ruhm	**Reichtum**	**Ideale**
Jupiter	Sonne	Merkur
Extreme	**Unbeständigkeit**	**Störung**
Mond	Venus	Saturn

Sonnenjahre

1890 · 1897 · 1904 · 1911 · 1918 · 1925 · 1932 · 1939 · 1946
1953 · 1960 · 1967 · 1974 · 1981 · 1988 · 1995 · 2002 · 2009
(jeweils vom 15. April bis 14. April des nächsten Jahres)

Mit der Sonne im Haus des Reichtums, dem Zentrum Ihres Horoskops, steht für Sie das Finden und Leben der eigenen Identität im Mittelpunkt. Für Ihre innere Zufriedenheit müssen Sie das Gefühl haben, nach Ihrer eigenen Fasson zu leben und Ihrer individuellen Identität gerecht zu werden.

Sie müssen im Leben immer wieder Ihre eigene Unabhängigkeit erfahren. Gleichzeitig ist für Sie auch das Gefühl wichtig, ein Teil des großen Ganzen zu sein. Sie haben daher ein großes spirituelles Potenzial. Der spirituelle Weg steht Ihnen offen, wenn Sie Selbst- und Gotteserkenntnis miteinander verbinden.

Die Sonne hilft Ihnen, Ziele aus eigener Kraft und Anstrengung heraus zu erreichen, und verleiht Ihnen eine starke innere Stabilität und Autorität. Ebenso wichtig ist es jedoch für Sie zu lernen, mit anderen zu kooperieren. Sie mögen irgendwann an einen Punkt kommen, wo Sie auf Ihrem Weg nur dadurch weiterkommen, dass Sie sich in einen größeren, umfassenderen Zusammenhang einfügen, ohne Ihre eigene Identität aufgeben. Die Sonne repräsentiert Ehrgeiz, den Wunsch, etwas darzustellen, und das Streben nach Meisterschaft. All diese Ideale führen letztendlich erst zur wahren Zufriedenheit, wenn Sie sich als spirituelles Selbst identifizieren, dessen Identität jenseits physischer (Mars), mentaler (Mond) und intellektueller (Merkur) Identifikationen liegt. Wenn Sie das spirituelle Selbst (Sonne) als Meister erkennen, das über den niederen Energien steht, lösen sich die Konflikte, mit denen sich die Sonne im Zentrum in allen Richtungen konfrontiert sieht, automatisch auf. Selbst die Energie des Mars wird dann zum machtvollen Impuls, im Sinne des Ganzen zu handeln.

Da Sie auch nach außen hin großen Wert auf die Wahrung Ihrer Identität und Individualität legen, mögen Sie anderen als selbstisch oder egoistisch erscheinen.

In Ihrem Bewusstsein dominiert klar Ihre männliche Seite, in der Sonne (Identität, Autorität, Selbst) und Mars (Kraft, Motivation, Kampf) einen Konflikt austragen. Ihre weiblichen Energien – Mond (Geist, Emotionen, Intuition) und Venus (Liebe, Schönheit, Wertschätzung, Feinheit, Güte) – arbeiten eher in Ihrem Unterbewusstsein und laufen Gefahr, hinter den dominanten männlichen Energien zu verschwinden.

Ein weiterer Konflikt wird zwischen dem männlichen Jupiter (Planung, Objektivität, Gesetz, Wahrheit) und dem weiblichen Mond (Geist, Emotionen, Intuition) ausgetragen, der nach außen hin stark in Erscheinung tritt, da beide Planeten auf der linken Seite Ihres Horoskops stehen. Ihr Auftreten nach außen wird deshalb durch diesen Konflikt zwischen Kopf (Jupiter) und Herz (Mond) geprägt, wodurch sich für Sie Ihr innerer Eindruck von der Überlegenheit der männlichen Energie auch im Außen ständig bestätigt, da Venus und Mond in Ihrem Horoskop beide in den schwächeren Häusern platziert sind. Eine Ihrer größten Aufgaben besteht daher darin, Ihren weiblichen Energien in Ihrem Bewusstsein einen größeren Stellenwert einzuräumen und diese bewusst zu fördern.

Erlauben Sie Ihrem Verstand, sich konstruktiv mit

Ihrer femininen Seite zu beschäftigen und diese in Ihre Selbstwahrnehmung zu integrieren. Betrachten und interpretieren Sie Ihre Emotionen, Ihre Intuition und Ihre Eingebungen und übersetzen Sie diese in eine Sprache, die Ihr Kopf verstehen kann. Verbinden Sie sich stärker mit der Quelle Ihrer inneren Kreativität und richten Sie Ihre Aufmerksamkeit bewusst auf die Schönheit und Harmonie in der Welt. Lernen Sie, diesen weiblichen Aspekt der Wirklichkeit wertzuschätzen und in Ihr Wesen zu integrieren.

Mit Mars im Haus der Führung ist Ihr Handeln stark von der physischen Ebene her gesteuert. Sie reagieren gern spontan und ohne viel nachzudenken. Oft bereuen Sie jedoch im Nachhinein Ihre impulsiven und nicht reflektierten Handlungen. Gehen Sie behutsam und vorsichtig mit Ihren ersten Eindrücken um, da diese häufig unzuverlässig sind. Ziehen Sie die Notbremse, wenn Sie merken, dass Zorn oder Ärger in Ihnen hochsteigt, weil jemand Ihrem Ego zu nahe getreten ist. Legen Sie eine kurze Pause ein, nehmen Sie inneren Abstand und versuchen Sie, sich mit Hilfe Ihrer emotionalen Sensibilität (Mond) in die Position des anderen hineinzuversetzen. Mit etwas Glück haben sich dann der impulsive Mars und das gekränkte Ego (Sonne) wieder beruhigt und Sie können angemessen reagieren.

Mit Jupiter im Haus des Ruhmes, der von der Sonne im Haus des Reichtums freundschaftlich unterstützt wird, besitzen Sie auf Ihre Umwelt einen sehr machtvollen Einfluss. Sie haben das Zeug zu einem guten Lehrer und begnadeten Führer. Durch Jupiter beziehen Sie sich auf die Außenwelt auf objektive und philosophische Weise. Sie können Ihre Jupiter-Energie auf verschiedenen Ebenen nutzen, je nach Ihrer Bewusstseinsausrichtung. Nutzen Sie Ihre Jupiter-Energie auf der höheren Ebene, so führen Sie durch Weisheit. Im negativen Fall kann die Jupiter-Energie auch dazu eingesetzt werden, andere zu manipulieren. Auf der neutralen mittleren Ebene dient die Jupiter-Energie einfach dazu, andere mit Informationen zu versorgen.

Auch Ihr Mond im Haus der Extreme kann mit der Welt auf seine warme und fürsorgliche Art in einen sehr erfreulichen Austausch treten. Dies ist allerdings nur dann der Fall, wenn Ihr Herz (Mond) und Ihr Verstand (Jupiter) miteinander in Einklang sind. Dann können Sie anderen und der Welt helfen und in angemessener Weise auf sie reagieren. Sie haben sowohl ein ausgeprägt gutes Gefühl für die Bedürfnisse und Stimmungen Ihrer Umwelt als auch eine scharfe und zutreffende philosophische oder objektive Sicht auf die Wirklichkeit und andere Menschen. Ist Ihr Gemüt jedoch spontanen Stimmungen oder emotionalen Schwankungen ausgesetzt, so ist diese Zusammenarbeit gefährdet.

Ihre Wahrnehmung und Beurteilung der Welt ist einem komplexen Wechselspiel zwischen Wahrheit und Liebe ausgesetzt. Die objektive Sicht des Jupiters und die subjektive Sicht des Mondes können sich ergänzen, wenn Sie sie nebeneinander bestehen lassen. Sie können sich aber gegenseitig bekämpfen und verdrängen, wenn Sie keinen Ausgleich zwischen Kopf und Herz finden.

Während Ihre äußere Seite eher informierend, belehrend und beeindruckend wirkt, befindet sich Merkur, der Planet des Gesprächs, des Verständnisses, der Vermittlung und der Kommunikation, im Haus der Ideale auf der rechten Seite des Horoskops, die Ihrem inneren Wesen entspricht. Daher kommunizieren Sie im eigentlichen Sinne des Wortes nur im privaten Kreis mit vertrauten Menschen, während die vermittelnden und kommunikativen Fähigkeiten des Merkurs die große weite Welt nicht erreichen. Private Gespräche und auch die inneren Dialoge Ihres Bewusstseins mögen sehr unruhig, wechselhaft, geschwätzig und voller Ablenkungen sein. Selten finden Sie im Inneren wirklich Ruhe und Ausgeglichenheit. Sie haben die Neigung, Ihre eigenen Gedanken endlos zu kommentieren. Doch hinter dieser wenig konzentrierten Oberfläche Ihres Bewusstseins liegt die Ernsthaftigkeit des Saturns.

Saturns Platzierung im Haus der Störung weist darauf hin, dass Sie im Inneren ernst und konzentriert sind. Selbsterkenntnis stellt für Sie harte Arbeit dar, die Sie mit Disziplin und Durchhaltevermögen angehen.

Sonntag im Sonnenjahr

	Führung	
	Mars *Feind*	
Ruhm	**Reichtum**	**Ideale**
Jupiter *Freund*	**Sonne*** *Negativ*	**Merkur** *Negativ*
Extreme	**Unbeständigkeit**	**Störung**
Mond *Neutral*	**Venus** *Neutral*	**Saturn** *Positiv*

*Dieter Bohlen · Hildegard Knef · Edgar Cayce
Alfred Adler · Benito Mussolini · Max Frisch
Leonard Bernstein · Agatha Christie · Tina Turner
Leonardo Di Caprio · Gianni Versace*

Sonnenjahre

1890 · 1897 · 1904 · 1911 · 1918 · 1925 · 1932 · 1939 · 1946
1953 · 1960 · 1967 · 1974 · 1981 · 1988 · 1995 · 2002 · 2009
(jeweils vom 15. April bis 14. April des nächsten Jahres)

Individualist/in mit Geltungsbedürfnis

Sie sind sehr selbstbewusst und besitzen ein besonders ausgeprägtes Geltungsbedürfnis. Ausgangs- und Endpunkt von allem, was Sie erleben, lernen und tun, sind immer Sie selbst. Sie haben den Wunsch, eine bedeutende Rolle in der Welt und für andere Menschen zu spielen. Diese starke Selbstbezogenheit wird von anderen zumeist als Egoismus wahrgenommen. Tatsächlich verbirgt sich darin jedoch einfach die Art und Weise, wie Sie in dieser Welt funktionieren.

Man kennt Sie als besonders intelligenten Menschen, schätzt Ihr Wissen und Ihre Weisheit und betrachtet Sie als guten Freund und Ratgeber. Sie erwerben sich viel Respekt und Autorität, vielleicht sogar Ruhm, und stecken sich hohe Ziele. Zufrieden sind Sie eigentlich erst, wenn Sie eine Führungsposition innehaben, in der Sie Verantwortung übernehmen und Ihren eigenen Weg beschreiten können.

Sie mögen religiös sein und spirituelle Neigungen besitzen. Auf einer höheren Ebene finden Sie wahre Zufriedenheit vor allem durch Meditation und den Weg der Selbstverwirklichung.

Im emotionalen Bereich mögen Sie extremen Schwankungen unterliegen. Sie sind für die Gefühle anderer sehr sensibel und nehmen auch Ihre Umwelt emotional wahr. Die Dominanz Ihrer maskulinen Energien erlaubt es Ihnen jedoch nur selten, Ihren Gefühlen ausreichend inneren Raum zu geben und sie neben Ihrer starken Impulsivität und Rationalität bestehen zu lassen. Ebenso fällt es Ihnen schwer, Ihre Intuition richtig einzuordnen. Sowohl in Ihrem Handeln als auch in Ihrem Denken mag dieser wichtige Aspekt Ihrer Wahrnehmung nicht integriert sein. Auch mag Ihre Beziehung zu Ihrer Mutter nicht ganz gewöhnlich sein. Entweder besitzt sie einen großen Einfluss auf Sie oder ist in Ihrem Leben kaum präsent, während Ihr Vater eine dominante positive Rolle für Sie spielen mag. Auf Ihre eigene weibliche Seite, Sexualität und Ihre Beziehung zu Frauen ist kein großer Verlass. Gerade Ihre Beziehungen mögen häufigen Schwankungen und Krisen unterliegen.

Aufgabe: In Führungsrollen haben Sie die Tendenz, zu aggressiv oder manipulativ aufzutreten. Ihre ungeduldige und impulsive Art, auf Ereignisse zu reagieren, können Sie harmonisieren, indem Sie mehr Gewicht auf ein strukturiertes und diszipliniertes Vorgehen legen. Arbeiten Sie an Ihrer Kommunikationsfähigkeit, nehmen Sie sich Zeit für tiefe Gespräche, und entwickeln Sie eine offene Geisteshaltung. Zeigen Sie mehr Güte und Verständnis für Ihre Mitmenschen und seien Sie für Untergebene ein verlässlicher Partner und Ratgeber.

Erweisen Sie Ihrer weiblichen Seite mehr Respekt und Achtung, was sich auch im Umgang mit Frauen im Allgemeinen äußern sollte. Verbinden Sie sich innerlich mit Ihrer eigenen weiblichen Seite, entwickeln Sie mehr Sinn für das Schöne und Feine, und lassen Sie Ihrer Kreativität mehr Spielraum, sich zu entfalten.

Werden Sie sich über Ihre Gefühle stärker bewusst. Fassen Sie Ihre Emotionen in Worte, um sie Ihrem ausgeprägten Verstand zugänglich zu machen. Lassen Sie sich mehr von Mitgefühl und Hilfsbereitschaft leiten. Verbinden Sie auf diese Weise Ihren klaren Verstand mit der Wärme des Herzens.

Lernen Sie Ihre Impulsivität zu beherrschen und üben Sie weniger Druck und Kontrolle auf sich selbst und andere aus.

Montag im Sonnenjahr

	Führung	
	Mars *Negativ*	
Ruhm	**Reichtum**	**Ideale**
Jupiter *Positiv/Feind*	**Sonne** *Neutral*	**Merkur** *Freund*
Extreme	**Unbeständigkeit**	**Störung**
Mond*	**Venus** *Neutral*	**Saturn** *Neutral*

*Eva Braun · Bill Clinton
Honoré de Balzac · Swami Vivekananda*

Sonnenjahre

1890 · 1897 · 1904 · 1911 · 1918 · 1925 · 1932 · 1939 · 1946
1953 · 1960 · 1967 · 1974 · 1981 · 1988 · 1995 · 2002 · 2009
(jeweils vom 15. April bis 14. April des nächsten Jahres)

Individualist/in mit ausgeprägter Emotionalität

Sie sind ein stark gefühlsbetonter Mensch, der seine Gefühle höher stellt als alles andere. Sie besitzen eine fürsorgliche warme Art, wenn Ihr Herz und Verstand miteinander in Einklang stehen. Sie können andererseits starken emotionalen Schwankungen unterliegen, vor allem wenn Sie Aggressivität, äußerem Druck, Stress und Wettkampf ausgesetzt sind oder sich in Konflikten sexueller Natur befinden.

Sie sind sehr kämpferisch, energisch, mutig und selbstbewusst. Sie lieben es, sich selbst als den Mittelpunkt der Welt zu erfahren, Ihre Individualität auszuleben und von anderen als Autorität anerkannt zu werden. In der Regel werden Sie auch als guter Freund und Ratgeber geschätzt. Besonders am Herzen liegen Ihnen Kinder, mit denen Sie gut umgehen können.

Sie schauen zu Menschen auf, die intelligent und redegewandt sind, die gut schreiben können und ein ausgeprägtes Urteilsvermögen besitzen. Sie streben selbst nach diesen Fähigkeiten, sind sehr mitteilsam, sprühen vor Ideen und können als Schriftsteller und

Redner erfolgreich sein. Sie müssen allerdings oft darum ringen, Ihre Einsichten klar und verständlich zu vermitteln. Auch Berufe, bei denen analytische Fähigkeiten gefragt sind, liegen Ihnen. Ihr offener Geist ist vielseitig interessiert und kann auf seine unkomplizierte und humorvolle Art zwischen Ihrer nach Dominanz und Macht strebenden männlichen und der nach Verständnis und Wertschätzung verlangenden weiblichen Seite vermitteln.

Sie mögen sich schwer damit tun, Ihre Kreativität, Wertschätzung für das Schöne und Ihr Empfinden für Feinheit und Harmonie zu entwickeln und zur Geltung zu bringen. In Beziehungen mögen Sie immer wieder in emotionale Extremsituationen geraten und eine gewisse Unbeständigkeit erfahren.

Da Sie sich Ihrer wahren Kraft nicht immer voll bewusst sind, können Sie nicht immer daraus Nutzen ziehen. Auch mögen andere Ihnen gegenüber manchmal aggressiv auftreten und Ihnen massiven Widerstand entgegenbringen und Sie als manipulativ oder egoistisch ansehen. Überhaupt dürfte Kampf ein zentrales Thema in Ihrem Leben sein und Widerstand Sie eher motivieren als entmutigen.

Aufgabe: Sie sollten sich bewusst darum bemühen, die Bedürfnisse und Gefühle anderer Menschen wahrzunehmen und angemessen darauf zu reagieren. Arbeiten Sie vor allem an der Vertiefung Ihrer Beziehungen, indem Sie Sexualität stärker als Ausdruck von Liebe und weniger als reine Lustbefriedigung pflegen. Finden Sie eine gemeinsame Sprache mit Ihren Partnern, um Spannungen zu lösen, und pflegen Sie einen offenen Gedankenaustausch. Achten Sie gerade in Beziehungen auf das Einhalten klarer ethischer Prinzipien. Betätigen Sie sich ausreichend körperlich und tun Sie regelmäßig etwas für Ihre Gesundheit. Auch eine ausgewogene Ernährung ist für Sie von großer Bedeutung.

Der wichtigste Schlüssel zur harmonischen Entwicklung Ihrer Persönlichkeit liegt darin, mit Hilfe von künstlerischer Sensibilität und intellektueller Kraft mehr emotionale Stabilität zu entwickeln. So mögen Sie auch Ihre Schwierigkeiten mit Verantwortlichkeit, Pflicht, Disziplin und Ordnung in den Griff bekommen. Wenn es Ihnen dann noch gelingt, Intelligenz und Intuition in Einklang zu bringen, werden Sie Ihre Bestimmung im Leben finden.

Stabilisieren Sie Ihre Gefühle und Impulsivität durch intensive gedankliche Reflexion und Betonung Ihrer kreativen, intuitiven und nach Harmonie strebenden Seite.

Dienstag im Sonnenjahr

	Führung	
	Mars*	
Ruhm	**Reichtum**	**Ideale**
Jupiter *Neutral*	Sonne *Feind*	Merkur *Neutral*
Extreme	**Unbeständigkeit**	**Störung**
Mond *Negativ*	Venus *Freund*	Saturn *Neutral*

Elton John · Fanz Kafka · Jaques Chirac
Richard Burton · Dwight D. Eisenhower
Margaret Thatcher · Max Beckmann
Michael Caine · Pablo Neruda

Sonnenjahre

1890 · 1897 · 1904 · 1911 · 1918 · 1925 · 1932 · 1939 · 1946
1953 · 1960 · 1967 · 1974 · 1981 · 1988 · 1995 · 2002 · 2009
(jeweils vom 15. April bis 14. April des nächsten Jahres)

Individualist/in mit impulsiver Kämpfernatur

Sie sind eine kämpferische, mutige und abenteuerlustige Persönlichkeit mit ausgesprochen starken Führungsqualitäten. Sie sind äußerst motiviert und können auch andere mit Ihrem Enthusiasmus mitreißen. Autoritäten ordnen Sie sich nur schwer unter. Ihr starkes Selbstbewusstsein kann Ihnen jedoch Schwierigkeiten bereiten, wenn Sie allzu selbstbezogen und stolz sind.

Ihre impulsive, zuweilen aggressive Art steht nicht immer in Einklang mit Ihrem eigenen Selbstbild einer souveränen und besonnenen Persönlichkeit. Häufig handeln Sie, ohne über die Konsequenzen und Wirkungen nachzudenken, und bereuen dies im Nachhinein. Sie haben es nicht leicht, Ihre starken Energien zu lenken und unter Kontrolle zu bringen.

Sie schätzen an anderen Menschen vor allem Verstand, Humor, geistige Offenheit und die Fähigkeit, sich gut auszudrücken. Obwohl Sie sich in diesen Bereichen gerne auch auszeichnen würden, gelingt Ihnen dies kaum zu Ihrer Zufriedenheit. Trotzdem werden andere Sie als gebildeten und weisen Menschen wahrnehmen und Sie als verlässlichen Freund und Ratgeber schätzen.

Sie engagieren sich gerne in Beziehungen und üben auf das andere Geschlecht eine große Wirkung aus, mögen in der Liebe jedoch viele Schwankungen erfahren. In Gefühlsangelegenheiten tendieren Sie zu Extremen, auch wenn diese Ihnen selbst schaden sollten. Ihre eigene weibliche Seite ist nicht so stark entwickelt, was zu emotionalen Störungen führen kann.

Aufgabe: Bringen Sie klare Strukturen in Ihr Leben, auf deren Grundlage Sie verantwortungsbewusst und diszipliniert handeln können. Kultivieren Sie vor allem Eigenschaften wie Loyalität und Hingabe. Lassen Sie sich nicht von Emotionen oder einer pessimistischen Weltsicht leiten. Stärken Sie Ihre emotionale Stabilität, indem Sie Kopf und Herz miteinander in Einklang bringen. Zügeln Sie Ihren Enthusiasmus und Ihre energische Natur durch Weisheit und Unterscheidungskraft und beherzigen Sie den Rat guter Freunde. Stärken Sie vor allem Ihre musische Seite, indem Sie sich Zeit für kulturelle Veranstaltungen nehmen oder selbst künstlerisch aktiv werden.

Schaffen Sie Harmonie und Schönheit in Ihrer direkten Umgebung und leben Sie Ihre Beziehungen mit mehr Humor, Kommunikationsbereitschaft und geistiger Offenheit. Achten Sie in Beziehungen auf Klarheit und Verbindlichkeit. Arbeiten Sie auch an Ihrer Disziplin, indem Sie Ihre Willenskraft stärken.

Disziplinieren Sie Ihre wechselhaften Gefühle und Impulsivität durch Loyalität, Verantwortungsbewusstsein und innere Struktur.

Mittwoch-Vormittag
im Sonnenjahr

	Führung	
	Mars *Neutral*	
Ruhm	**Reichtum**	**Ideale**
Jupiter *Neutral*	Sonne *Negativ*	Merkur*
Extreme	**Unbeständigkeit**	**Störung**
Mond *Freund*	Venus *Positiv*	Saturn *Neutral*

Boris Becker · Tony Blair · Salvador Dali
Willhelm Backhaus · Thorwald Detlefsen

Sonnenjahre

1890 · 1897 · 1904 · 1911 · 1918 · 1925 · 1932 · 1939 · 1946
1953 · 1960 · 1967 · 1974 · 1981 · 1988 · 1995 · 2002 · 2009
(jeweils vom 15. April bis 14. April des nächsten Jahres)

Individualist/in mit Kreativität und Intuition

Sie besitzen einen hohen Lebensstandard und mögen im Leben eine wichtige gesellschaftliche Position erlangen. Für Sie ist es sehr wichtig, sich anderen mitteilen zu können und tiefe Gespräche zu führen, auch wenn Sie eine gewisse Unzulänglichkeit damit verbinden mögen. Die Menschen nehmen Sie als einen hervorragenden Redner, als sozial, weltoffen und humorvoll wahr. Sie sind beliebt und mögen bekannt sein. Auf intellektuellem Gebiet sind Sie sehr produktiv und besitzen vielleicht Talent fürs Schreiben, Vortragen und Lehren. Ihr Geist gibt sich kaum mit einem einzigen Thema zufrieden. Er ist stets offen für neue Dinge und will sich seine eigene Meinung bilden.

Sie besitzen ein starkes Ego, das es Ihnen immer wieder erschwert, mit anderen Menschen die von Ihnen angestrebten offenen und gleichberechtigten Beziehungen zu pflegen. Sie versuchen häufig, Dinge aus eigener Kraft zu bewerkstelligen, für die Sie eigentlich die Hilfe anderer bräuchten, die Ihnen zumeist sogar auch angeboten wird. Sie reagieren häufig impulsiv, ohne vorher viel darüber nachzudenken, und mögen dies im Nachhinein bereuen. Aufgrund Ihres Ego mag es Ihnen dann schwer fallen, sich für Fehler oder voreilige Worte oder Taten zu entschuldigen.

Ihre starke Selbstbezogenheit erlaubt es Ihnen jedoch nicht, Ihre kommunikativen Fähigkeiten und Neigungen direkt nach außen zu tragen. Wenn Sie es versuchen, mögen Sie hauptsächlich über sich selbst sprechen und nachdenken. Sie können diese Fähigkeit jedoch nach außen richten, indem Sie Ihre inneren Einsichten mit Hilfe Ihrer künstlerischen Kreativität und Ihrem ästhetischen Sinn ausdrücken.

Wenn man Sie auf der Gefühlsebene anspricht, kann man Sie am besten erreichen. Auch für feinstoffliche Einflüsse und intuitive Signale sind Sie sehr offen. Schwierig wird es nur, wenn man direkt das Ego anspricht.

Sie bevorzugen im Leben immer den einfachsten, direkten Weg und besitzen ein besonderes Talent, diesen auch zu finden. Sie sind ebenso intuitiv wie emotional offen veranlagt. Sie nehmen die Gefühle anderer schnell wahr und tragen auch Ihre eigenen Emotionen gerne nach außen. Mit dieser Offenheit geht jedoch auch die Gefahr der emotionalen Beeinflussbarkeit und Instabilität einher.

Aufgabe: Für Ihre innere Balance müssen Sie viel lesen und stets neue Dinge entdecken und erlernen. Obwohl Sie gerne in Gesellschaft sind, sollten Sie sich immer wieder Zeit für sich selbst nehmen. Und wenngleich Ihr Selbstbewusstsein und Ihre Willensstärke in Ihrem Leben eine zentrale Rolle spielen, müssen Sie sich vor Stolz und Überheblichkeit hüten. Nutzen Sie Ihre Fähigkeiten, ein guter Freund und Ratgeber zu sein, auch in der Menschenführung.

Balancieren Sie Ihre anfällige emotionale Stabilität mit Hilfe Ihrer künstlerischen Kreativität und Ihren ausgeprägten kommunikativen Fähigkeiten aus.

Verbinden Sie Ihre starke impulsive männliche Seite mit Ihrer weiblichen Seite, indem Sie Ihre dynamische und kämpferische Natur durch Feinheit, ein Gefühl für Harmonie und Güte ergänzen. Vermeiden Sie übermäßige Härte und Sturheit. Sie können Ihre Wünsche und Ideale erreichen, wenn Sie Ihr Pflichtbewusstsein stärken und mit Disziplin und Konzentration arbeiten. Ihre vielen neuen Ideen lassen sich auf diese Weise am einfachsten umsetzen.

Stärken Sie Ihre weiblichen Energien durch kreativen und emotionalen Selbstausdruck.

Mittwoch-Nachmittag
im Sonnenjahr

	Führung	
	Mars *Positiv*	
Ruhm	**Reichtum**	**Ideale**
Jupiter *Negativ*	Sonne *Neutral*	Rahu*
Extreme	**Unbeständigkeit**	**Störung**
Mond *Neutral*	Venus *Neutral*	Saturn *Freund*

Steven Spielberg · Anton Dvorak
Guru Nanak · David Bowie · Klaus Wowereit
Bertold Brecht · Freddie Mercury

Sonnenjahre

1890 · 1897 · 1904 · 1911 · 1918 · 1925 · 1932 · 1939 · 1946
1953 · 1960 · 1967 · 1974 · 1981 · 1988 · 1995 · 2002 · 2009
(jeweils vom 15. April bis 14. April des nächsten Jahres)

Individualist/in mit eigenständigem Denken

Sie besitzen einen entschlossenen Charakter und verfolgen Ihre Ziele mit großer Energie. Für Menschen, die ebenso gestrickt sind, haben Sie viel Sympathie übrig. Auch bevorzugen Sie Menschen, die sich Ihnen gegenüber direkt, ehrlich und klar verhalten.

Vor allem in Ihrem Denken besitzen Sie eine große Freiheit, Klarheit und Kraft, die durch eine kämpferische Zielstrebigkeit unterstützt werden. Sie meiden die ausgetretenen Denkpfade und rebellieren gegen alte Konzepte und Normen.

Sie wissen im Allgemeinen genau, was zu tun ist, und legen häufig ein unerschütterliches Selbstbewusstsein an den Tag. Sie besitzen viel Mut und führen ein selbstbestimmtes Leben, da Sie sich nicht von anderen manipulieren lassen. Es mag jedoch sein, dass Sie selbst die Neigung besitzen, andere zu manipulieren.

Für Sie sind materieller Wohlstand und eine hohe gesellschaftliche Stellung wichtige Lebensziele. Sie hegen viele Wünsche und versuchen sich diese mit Hilfe Ihrer kämpferischen Natur zu erfüllen. Sie haben ausgeprägte Führungsqualitäten, sind äußerst leidenschaftlich und haben die Fähigkeit, Herausforderungen anzunehmen und Konflikte auszutragen. Sie besitzen ein starkes Pflichtbewusstsein, das jedoch durch unerlöste Erinnerungen und Emotionen belastet sein mag. Sie könnten ein guter Redner sein und über eine scharfe Intelligenz verfügen. Nach außen hin erscheinen Sie als intelligent, gebildet und weise, werden jedoch häufig missverstanden. Vor allem Ihre Pläne und Intentionen könnten auf Unverständnis stoßen. In Beziehungen, insbesondere zu Frauen, haben Sie häufig Schwierigkeiten. Solche Beziehungen mögen ständigen Schwankungen ausgesetzt sein und starke emotionale Störungen verursachen.

Ihre Eltern mögen in Ihrem Leben eine wichtige Rolle spielen, wobei die Beziehung zu Ihrer Muter zu Extremen tendiert. Entweder sie hat sich sehr intensiv um Sie gekümmert oder kaum Interesse gezeigt.

Aufgabe: Sollten Sie in einer Sache einmal falsch liegen, was durchaus vorkommt, nehmen Sie von anderen auch einmal einen Ratschlag an. Das kann Ihnen schwer fallen, denn Sie halten Ihren eigenen Standpunkt in aller Regel für logisch begründet. Achten Sie darauf, nicht zum Tagträumer zu werden und den Kontakt mit der äußeren Wirklichkeit zu verlieren. Versuchen Sie, die Schlussfolgerungen, die Sie aus Ihrem Anderssein und eigenwilligen Denken ziehen, auch ins praktische alltägliche Leben zu übersetzen. Es ist sehr wichtig für Sie, diszipliniert und hart zu arbeiten und sich auf das Wesentliche zu konzentrieren. Stabilisieren Sie Ihre weibliche Seite, indem Sie sich mehr Zeit für Kunst und Kultur nehmen und Schönheit und Harmonie in Ihrer Umgebung wertschätzen und schaffen.

Finden Sie Ihre Identität jenseits konventioneller Normen und materieller Identifikationen.

Donnerstag im Sonnenjahr

	Führung	
	Mars *Neutral*	
Ruhm	**Reichtum**	**Ideale**
Jupiter*	**Sonne** *Freund*	**Merkur** *Neutral*
Extreme	**Unbeständigkeit**	**Störung**
Mond *Positiv/Feind*	**Venus** *Neutral*	**Saturn** *Neutral*

Nelson Mandela · Max Ernst
John Travolta · Claude Debussy

Sonnenjahre

1890 · 1897 · 1904 · 1911 · 1918 · 1925 · 1932 · 1939 · 1946
1953 · 1960 · 1967 · 1974 · 1981 · 1988 · 1995 · 2002 · 2009
(jeweils vom 15. April bis 14. April des nächsten Jahres)

Philosophischer Geist mit starkem Gerechtigkeitsempfinden

Ihre Herangehensweise an die Welt ist philosophisch und wertend. Sie versuchen eine umfassende Ordnung zu entdecken, welche die Welt erklärt, und bewahren sich immer eine gewisse objektive Distanz. Details wollen Sie in einem größeren, kosmischen Zusammenhang verstehen, der den chaotischen Erscheinungen einen Sinn verleiht. Sie möchten Grenzen überschreiten und mit einem offenen und wachsamen Geist die Welt und vor allem andere Menschen verstehen.

Sie nehmen Ihr Schicksal selbst in die Hand und sind äußerst selbstständig. Sie sind mutig, strebsam und vielleicht auch berühmt. Menschen nehmen Sie als gebildeten und intelligenten Zeitgenossen wahr und schätzen Sie als verlässlichen Freund und Ratgeber. Sie besitzen ein ausgeprägtes Selbstbewusstsein und können eine starke Autorität entwickeln. Zufriedenheit finden Sie vor allem, indem Sie Ihre eigene Individualität leben, für andere Verantwortung übernehmen, den Weg der Selbsterkenntnis gehen und anderen helfen.

Ihre weibliche Seite ist weniger stark entwickelt und bedarf der Unterstützung durch künstlerische oder kulturelle Betätigung, tiefe Gespräche und eine offene Kommunikation. In Ihren Beziehungen unterliegen Sie häufigen Schwankungen und möglicherweise extremen emotionalen Problemen.

Aufgabe: Investieren Sie mehr Kraft und Energie in Ihre Beziehungen. Bewahren Sie dabei einen klaren Kopf und halten Sie an moralischen Prinzipien fest, ohne Ihre an sich offene und großzügige Natur aufzugeben. Disziplin, Organisationstalent und Pflichtbewusstsein gehören nicht zu Ihren Stärken. Setzen Sie daher Ihre ausgeprägte Willensstärke ein, um diese Eigenschaften in Ihre Persönlichkeit zu integrieren.

Sie besitzen gute Führungseigenschaften, mögen mit Ihren Mitarbeitern oder Mitstreitern jedoch häufig über den richtigen Weg streiten, obwohl Einigkeit über das Ziel herrscht. Seien Sie diesbezüglich kompromissbereiter, ohne die Zielstrebigkeit zu verlieren.

Sie haben eine belehrende Seite in Ihrem Charakter und neigen manchmal dazu, andere zu manipulieren. Sie bewältigen Ihre eigenen inneren Gegensätze am besten, indem Sie soziale, pädagogische oder politische Angelegenheiten sowohl emotional als auch rational zu verstehen suchen und auf sie reagieren. Hierbei muss Ihr nach objektiver Bewertung strebender Verstand lernen, die Eindrücke und Intuitionen aus dem tiefer liegenden emotionalen

Bereich zu respektieren und zu integrieren. Je intensiver Sie tiefe Beziehungen zu anderen Menschen pflegen, desto leichter gelingt Ihnen das.

Folgen Sie vor allem in sozialen, politischen und pädagogischen Angelegenheiten stärker Ihren emotionalen und intuitiven Einsichten.

Freitag im Sonnenjahr

	Führung	
	Mars *Freund*	
Ruhm	**Reichtum**	**Ideale**
Jupiter *Neutral*	**Sonne** *Neutral*	**Merkur** *Positiv*
Extreme	**Unbeständigkeit**	**Störung**
Mond *Neutral*	**Venus***	**Saturn** *Negativ/Feind*

*Karl May · Julia Roberts
Zar Alexander II · Jules Verne
Carlos Castaneda · Hermann Ehlers
Richard Wagner · Charles de Gaulle
George Gurdjieff*

Sonnenjahre

1890 · 1897 · 1904 · 1911 · 1918 · 1925 · 1932 · 1939 · 1946
1953 · 1960 · 1967 · 1974 · 1981 · 1988 · 1995 · 2002 · 2009
(jeweils vom 15. April bis 14. April des nächsten Jahres)

Individualist/in mit kreativer Experimentierfreude

Sie streben in Ihrem Leben nach Harmonie und Klarheit, besitzen künstlerische Talente, sind sehr kreativ und richten Ihre Aufmerksamkeit stark auf Beziehungen. Trotzdem mögen Sie in diesen Lebensbereichen größere Schwankungen und Unzuverlässigkeiten erfahren. Vor allem Ihre Beziehungen zu Frauen, aber auch Ihre eigene weibliche Seite mögen wechselhaft sein.

Sie besitzen starke Führungsqualitäten und einen großen Enthusiasmus. Zusammen mit Ihrem ausgeprägten Selbstbewusstsein und Ihrer Willensstärke können Sie daher große Leistungen vollbringen.

Sie bewundern Menschen mit scharfem Verstand, offener Gesinnung, Humor und schriftstellerischen oder rhetorischen Fähigkeiten und streben auch für sich selbst nach diesen Eigenschaften. Sie mögen auch ein Talent zum Redner oder Schriftsteller und eine besonders lebhafte Phantasie besitzen, die in ganz neue Bereiche vordringen kann. Auf andere Menschen wirken Sie gebildet, wissend und weise und werden als verlässlicher Freund und Ratgeber geschätzt.

Ihre Schwäche liegt in den Bereichen Disziplin,

Pflichtbewusstsein und Konzentration auf das Wesentliche, die häufigen Wechseln und Störungen unterliegen mögen. Sie gleichen das eher durch gute und außergewöhnliche Ideen, Enthusiasmus, Energie und Willensstärke aus.

Aufgabe: Durch mehr Konzentration und Disziplin könnten Sie Ihre Gefühlswelt vor Extremen schützen. Spirituelle Praxis und Meditation wären dabei sehr hilfreich. Dem inneren Gegensatz zwischen Ihrem kreativen, künstlerischen und spontanen Wesen und Ihrem eher schwachen Pflichtbewusstsein und Durchhaltevermögen begegnen Sie am besten durch tief gehende Reflexion über Ihre innere Wirklichkeit, insbesondere im Hinblick auf gedankliche Strukturen und Kreativität. Nutzen Sie Ihren starken inneren Gedankendialog, Ihre Experimentierfreudigkeit und Ihre Flexibilität, um die angemessenen Strukturen für Ihren kreativen Ausdruck zu finden. Vor allem durch Schreiben oder andere künstlerische Betätigungen mag dies gelingen.

Nutzen Sie Ihre ausgeprägten Energien und Ihre Motivation für Beziehungen, Kunst, Musik, Kultur und das harmonische Gestalten Ihrer Umgebung. Handeln Sie entschlossen, überlegt und gütig und berücksichtigen Sie stets den Rat guter Freunde. Bemühen Sie sich in Ihren Beziehungen um Klarheit, eine offene Kommunikation, tiefe Gespräche und ein besseres Verständnis.

Seien Sie offen und erfinderisch, um die geeigneten Formen für Ihren kreativen Selbstausdruck zu finden.

Samstag im Sonnenjahr

	Führung	
	Mars *Neutral*	
Ruhm	Reichtum	Ideale
Jupiter *Neutral*	**Sonne** *Positiv*	**Merkur** *Neutral*
Extreme	Unbeständigkeit	Störung
Mond *Neutral*	**Venus** *Negativ/Feind*	**Saturn***

*Yoko Ono · Ginger Rogers
Mahatma Gandhi · Sylvester Stallone
George W. Bush · Wernher von Braun
Donald Rumsfeld · André Heller*

Sonnenjahre

1890 · 1897 · 1904 · 1911 · 1918 · 1925 · 1932 · 1939 · 1946
1953 · 1960 · 1967 · 1974 · 1981 · 1988 · 1995 · 2002 · 2009
(jeweils vom 15. April bis 14. April des nächsten Jahres)

Individualist/in mit der Gabe, verlässliche Strukturen zu schaffen

Sie besitzen gute organisatorische Fähigkeiten, sind von Natur her diszipliniert, verantwortungsbewusst und loyal. Sie können sich auf das Wesentliche konzentrieren und verfügen über starke Energien und einen großen Enthusiasmus, um Ihre Ziele zu erreichen. Ihr Wesen ist eher konservativ veranlagt. Sie besitzen zudem ein ausgeprägtes Selbstbewusstsein, das Ihnen bei Führungsaufgaben hilft. Sie erreichen große Zufriedenheit, wenn Sie Ihre Ziele aus eigenen Kräften erreichen können, und lieben es, für andere Verantwortung zu übernehmen. Sie werden von anderen Menschen als Autorität und Leitfigur anerkannt. Ihr Vater mag in Ihrem Leben eine dominante, positive Rolle spielen, während Ihre Beziehung zu Ihrer Mutter entweder zu distanziert oder zu eng sein mag.

Im beruflichen Bereich erlangen Sie Zufriedenheit, indem Sie vor allem für andere Verantwortung übernehmen, selbstständig handeln und Macht erlangen. Auf einer höheren Ebene wird Ihnen Zufriedenheit durch Fortschritt auf dem Weg der Selbsterkenntnis und durch spirituelle Praxis zuteil.

Schwierigkeiten erfahren Sie vor allem in Beziehungen mit Frauen oder Ihrer nicht im gleichen Maße entwickelten weiblichen Seite. Ihnen fehlt zuweilen die notwendige Feinheit, Klarheit und Güte, um Ihre Umgebung harmonisch zu gestalten und unnötige Spannungen zu vermeiden. Auch haben Sie ein gespaltenes Verhältnis zu Kreativität und Spontaneität. Es fällt Ihnen schwer, diese Seite in sich selbst zu entdecken und bei anderen Menschen wertzuschätzen.

Sie streben nach Wissen, Spiritualität und Intelligenz und mögen Menschen bewundern, die diese Dinge verkörpern. Es ist Ihnen wichtig, sich anderen mitzuteilen und tiefe Gespräche zu führen. Wahrscheinlich werden Sie jedoch immer das Gefühl haben, in diesen Bereichen wenig erfolgreich zu sein.

Aufgabe: Ihre Gefühle mögen von einem Extrem ins andere schwanken, und auch Ihre Persönlichkeit mag extreme Züge aufweisen. Indem Sie Ihre strukturierenden und praktischen Fähigkeiten zusammenbringen, um effektivere Lösungen für Probleme im täglichen Leben zu schaffen, können Sie Ihre innere Stabilität stärken. Ihre kreative und künstlerische weibliche Seite können Sie unterstützen, indem Sie durch innere Beobachtung, Dialogbereitschaft und eine experimentierfreudige Einstellung klare Formen und Strukturen für Ihren kreativen Selbstausdruck finden. Betonen Sie den künstlerischen, musischen Aspekt Ihres Lebens stärker. Schaffen Sie eine harmonische Verbindung zwischen Ihren starken männlichen und Ihren geschwächten weiblichen Energien, indem Sie sich Wissen und Weisheit aneignen, Güte und Mitgefühl praktizieren, auf den Rat guter Freunde hören, eine offene Geisteshaltung bewahren und tiefe Gespräche führen. Nutzen Sie Ihre kommunikativen und intellektuellen Energien, um Ihre Persönlichkeit zu verfeinern.

Seien Sie bei der Schaffung von Formen und Strukturen kreativ, kommunikativ und experimentierfreudig.

Die Mond-Familie

	Führung	
	Merkur	
Ruhm	**Reichtum**	**Ideale**
Venus	Mond	Jupiter
Extreme	**Unbeständigkeit**	**Störung**
Mars	Saturn	Sonne

Mondjahre

1891 · 1898 · 1905 · 1912 · 1919 · 1926 · 1933 · 1940 · 1947
1954 1961 · 1968 · 1975 · 1982 · 1989 · 1996 · 2003 · 2010
(jeweils vom 15. April bis 14. April des nächsten Jahres)

Der Mond befindet sich im Zentrum Ihres Horoskops. Er steht für Gefühle, Liebe, Subjektivität, Kreativität, Mütterlichkeit, Weiblichkeit und
persönliche Wärme. Wie eine Mutter hat der Mond
die Neigung, sich anderen ganz zu geben, ohne
etwas dafür zu verlangen. Er besitzt daher eine

selbstlose Natur, möchte andere beschützen, sie nähren und unterstützen, vor allem diejenigen, die schutz- und hilflos sind. Der Mond strebt nicht nach Macht, sondern ermächtigt gerne andere.

Daher stehen Gefühle im Zentrum Ihres Bewusstseins. Sie möchten in Ihrem Leben Liebe erfahren und Liebe geben. Damit meinen Sie nicht die selbstische Liebe, die sich vor allem in Sexualität und Sinnlichkeit ausdrückt, sondern eine höhere, selbstlose Form der Liebe. Sie sind sehr mitfühlend, so dass Sie das Leid und die Freude anderer als Ihre eigenen Gefühle wahrnehmen können.

Die stärkste Polarität in Ihrem Bewusstsein besteht im Gegensatz zwischen Ihrem Mond im Haus des Reichtums und Ihrem Jupiter im Haus der Ideale. Jupiter verkörpert den Verstand und das planende Ordnungsdenken, das dem freigiebigen Mond äußerst skeptisch gegenübersteht und ständig hinterfragt, ob dessen vor allem auf Gefühl und Zuneigung beruhenden Handlungsweisen gerecht, logisch oder angemessen sind. Hinzu kommt, dass Jupiter im Haus der Ideale direkt oberhalb der Sonne steht, die im Haus der Störung von seiner Unterstützung äußerst abhängig ist. Um Ihr Selbstvertrauen und Ihre eigene Identität zu schützen und zu stärken, muss Jupiter daher vehement die Interessen der Sonne vertreten, die darauf besteht, dass jeder für sich selbst verantwortlich ist. Damit Ihr an sich mitfühlendes Wesen auch in Ihrem Handeln

Ausdruck findet, müssen Sie ein Weltbild entwickeln, das beide Aspekte integriert: das Prinzip der Liebe und des Mitgefühls auf der einen Seite (Mond) und das Prinzip der Selbstbehauptung und der Dominanz (Sonne) auf der anderen Seite.

Ein weiterer wichtiger Gegensatz in Ihrem Horoskop besteht in der Polarität von Mars im Haus der Extreme und Sonne im Haus der Störung. Die Sonne steht für Ihre innere Autorität und Ihre eigene Selbstwahrnehmung, während Mars für die Behauptung nach außen steht, wofür ihm das Haus der Extreme auf der linken Seite des Horoskops die idealen Voraussetzungen gibt. Da diese beiden Energien einander feindlich gesonnen sind, mögen Sie das übermäßige Bedürfnis besitzen, sich nach außen hin beweisen zu müssen, vor allem, da Ihr natürliches Selbstbewusstsein (Sonne), das seine Stärke aus der inneren Identität gewinnt, im Haus der Störung sehr schwach platziert ist. Daher mögen Sie mit Hilfe des Mars versuchen, sich durch Ihren starken sexuellen Ausdruck, durch sportliche oder berufliche Leistungen oder ein impulsives physisches Auftreten zu beweisen.

Dieses Ungleichgewicht zu Lasten der Sonne können Sie vermeiden, indem Sie die Energien des Mars möglichst praktisch, konstruktiv und moderat zum Ausdruck bringen und Ihre Aktivitäten gut planen und sehr verantwortungsbewusst vorgehen.

Merkur im Haus der Führung bestimmt Ihren inneren Takt. Offene Gedanken und Gespräche,

Neugierde, ein ständiger Fluss an neuen Informationen und Eindrücken und das Sammeln von Wissen sind für Sie Quellen der Inspiration und Motivation. Ihr Wissensdurst ist kaum zu stillen. Sie besitzen wahrscheinlich ein gutes Gedächtnis und viel Humor. Sie haben jedoch auch die Fähigkeit, Ihre kreativen Eingebungen, die der Mond aus dem Haus des Reichtums beisteuert, in Worte zu fassen und anderen verständlich zu machen.

Venus im Haus des Ruhmes prägt Ihre Wirkung nach außen. Sie glänzt durch ein feines und ästhetisches Auftreten, ein liebenswertes Wesen, einen guten Geschmack, kulturelles Interesse und künstlerische Begabung. All diese Eigenschaften mögen Sie ausstrahlen. In welcher Weise sich dies äußert, hängt jedoch stark von Ihrem Geburtsplaneten ab. Ihr Kommunikationsbedürfnis findet in der Venus jedenfalls eine optimale Partnerin, um sich effektiv ausdrücken zu können.

Aber auch die hervorragende Beobachtungsgabe des Merkurs ergänzt sich mit der Sensibilität der Venus für alles Schöne und Harmonische. Venus im Haus des Ruhmes wird hierbei noch von Mars im Haus der Extreme unterstützt, der in Beziehung zur Venus den sexuellen Aspekt der Wirklichkeit betont. Mars und Venus zusammen auf der linken Seite Ihres Horoskops verleihen Ihnen sowohl eine große Sensibilität für sexuelle Energien als auch eine attraktive sexuelle Ausstrahlung. Selbst in der Öffentlichkeit gehen Sie relativ freizügig mit diesen Kräften um.

Mit Saturn im Haus der Unbeständigkeit besitzen Sie eine widersprüchliche und wechselhafte Haltung in Bezug auf Disziplin, Ordnung, Klarheit, Struktur, Verantwortung und Ernsthaftigkeit. Wahrscheinlich werden Sie sich immer um ein ausreichendes Maß an diesen praktischen und wertvollen Qualitäten in Ihrem Handeln und Denken bemühen müssen. Je mehr Sie jedoch Ihre starken produktiven Kräfte mit den positiven Eigenschaften des Saturns wie Disziplin und Klarheit ausstatten, desto besser werden Sie sich in Ihrem äußeren Tatendrang und dessen Resultaten wiederfinden können.

Alles in allem besitzen Sie drei starke und freundschaftliche Energie-Kombinationen in Ihrem Horoskop, mit deren Hilfe Sie sowohl innerlich als auch äußerlich viel erreichen können. Im Inneren verbinden sich Sonne und Jupiter zu einem starken Team, um im spirituellen Sinn mit Hilfe von Weisheit, spirituellen Lehrern und innerer Führung für Wachstum zu sorgen. Im äußeren Bereich verbinden sich die Energien von Mars und Venus, um Ihnen eine magnetische Persönlichkeit zu verleihen, während im Zentrum Merkur und Mond Ihrer Kreativität hervorragende Ausdrucksmöglichkeiten bieten.

Sonntag im Mondjahr

	Merkur *Negativ*	
Ruhm	**Reichtum**	**Ideale**
Venus *Neutral*	Mond *Neutral*	Jupiter *Freund*
Extreme	**Unbeständigkeit**	**Störung**
Mars *Feind*	Saturn *Positiv*	Sonne*

Hermann Hesse · Jürgen Trittin
Erich Honecker · Michelangelo
Hillary Clinton · Joschka Fischer

Mondjahre

1891 · 1898 · 1905 · 1912 · 1919 · 1926 · 1933 · 1940 · 1947
1954 1961 · 1968 · 1975 · 1982 · 1989 · 1996 · 2003 · 2010
(jeweils vom 15. April bis 14. April des nächsten Jahres)

Freigeist mit philosphischen Neigungen

Vieles in Ihrem Leben dreht sich um Selbstfindung, Selbstwahrnehmung und Selbstbestätigung. In Ihrem Ringen um Autorität, Individualität und Eigenständigkeit suchen Sie jedoch nicht nach Unterstützung bei anderen, sondern tragen es vor allem mit sich selbst aus. Denn Sie wollen Ihre Ziele aus eigener Kraft erreichen. Ihr Selbstbewusstsein unterliegt jedoch häufigen Schwankungen. Auch dürften Sie in Ihrem Leben immer wieder unter einem Gefühl der Heimatlosigkeit leiden. Gerade in Ihrer Kindheit mögen Sie mehrfach den Wohnort gewechselt haben.

Sie versuchen diese fehlende innere Stabilität durch Erfolge, impulsives Handeln und starkes Auftreten zu kompensieren. Dies kann Ihnen auch tatsächlich gelingen, wenn Sie verlässlich, diszipliniert, wohlüberlegt und verantwortungsvoll handeln. Die Fähigkeit, hart zu arbeiten, die Last der Verantwortung zu tragen und effektiv zu organisieren, sind für Ihr Selbstbewusstsein sehr wichtig. Sie brauchen dabei immer eine klar definierte und strukturierte Methode, um die bevorstehenden Aufgaben zu bewältigen. Nichtsdestoweniger nehmen Sie die Ereignisse in Ihrer Umgebung und Anforderungen, vor die Sie gestellt sind, zumeist als Bürde wahr.

Sie haben hohe Ideale, streben nach Recht, Gerechtigkeit, Wissen und Weisheit und bewundern Menschen, die solche Werte verkörpern. Ordnung und Planung sind ein zentrales Thema in Ihrem Denken. Sie reagieren sehr empfindlich auf Energien verschiedenster Art, wobei Ihre Vitalität von einem Extrem ins andere pendelt. Besonders in Ihrer Kindheit waren Sie möglicherweise häufig krank. Wahrscheinlich gönnen Sie sich nicht genug Ruhe zur Regeneration und achten zu wenig auf Ihre Gesundheit.

Sie besitzen Talente als Redner, Diplomat und Politiker und verfügen über ein analytisches Urteilsvermögen und eine gute Kommunikationsgabe, können diese Fähigkeiten jedoch selten zufrieden stellend einsetzen. Sie mögen sich auch Ihrer wirklichen Talente kaum bewusst sein.

Die Menschen nehmen Sie als feinen, nach Harmonie strebenden Menschen wahr, der das Leben zu genießen und materiellen Komfort durchaus zu schätzen weiß. Vielleicht spielt Ihr Vater in Ihrem Leben eine problematische Rolle, so dass die Beziehung zu ihm großen Schwankungen unterliegen mag.

Aufgabe: Zufriedenheit erfahren Sie vor allem auf der geistigen Ebene, in der Natur, auf Reisen, durch Bewegung jeder Art und indem Sie sich um andere kümmern. Sie haben das Bedürfnis, anderen zu helfen und sich um sie zu kümmern. Nutzen Sie Ihre praktische und konstruktive Ader, um diesem Bedürfnis nachzukommen. Achten Sie vor allem darauf, sich ausgewogen und regelmäßig zu ernähren und genug zu schlafen. Da Sie in energetischer Hinsicht sehr sensibel sind, sollten Sie sich auch vor negativen Einflüssen schützen. Fördern Sie Ihr Urteilsvermögen durch den Gebrauch Ihrer ausgeprägten Intuition, und stärken Sie Disziplin, Konzentration auf das Wesentliche und Ihr Pflichtbewusstsein. Auf diese Weise werden Sie Menschen mit größerer Effektivität führen können. Achten Sie darauf, dass Ihr Unterscheidungsvermögen nicht durch plötzliche leidenschaftliche Anflüge ausgeschaltet wird.

Entwickeln Sie eine klar strukturierte Methode, um Ihren Tatendrang in konstruktive Bahnen zu lenken.

Montag im Mondjahr

	Führung	
	Merkur *Freund*	
Ruhm	**Reichtum**	**Ideale**
Venus *Neutral*	**Mond*** 	**Jupiter** *Positiv/Feind*
Extreme	**Unbeständigkeit**	**Störung**
Mars *Negativ*	**Saturn** *Neutral*	**Sonne** *Neutral*

Nikola Tesla · Abdullah von Jordanien
Hans Dietrich Genscher · Chuck Berry
Humphrey Bogart · Lino Ventura
Prinz William · Mark Twain · Greta Garbo

Mondjahre

1891 · 1898 · 1905 · 1912 · 1919 · 1926 · 1933 · 1940 · 1947
1954 1961 · 1968 · 1975 · 1982 · 1989 · 1996 · 2003 · 2010
(jeweils vom 15. April bis 14. April des nächsten Jahres)

Vermittler/in mit Charme und Kreativität

Sie besitzen ein emotionales Wesen, sind eine ausgeprägte Persönlichkeit und sehr sensibel und intuitiv. Sie haben das Bedürfnis, sich um andere zu kümmern und für diese zu sorgen. Sie reisen gerne und sind geistig sehr aktiv. Ihr kreatives Potenzial können Sie hervorragend in Worte fassen und anderen mit großem Charme vermitteln. Sie mögen auch einen herausragenden Intellekt haben, der Sie – zusammen mit Ihrer Fähigkeit, sich in andere hineinzuversetzen – zu einem guten Chef machen kann. Sie sind in Ihrem Beruf sehr aktiv, in dem Sie sich viel mit den Sorgen und Problemen anderer beschäftigen mögen. Obwohl Sie Menschen mit Bildung und Wissen bewundern, mag es in Ihrer eigenen Ausbildung Schwierigkeiten geben. Ebenso mag Ihre Beziehung zu Lehrern und Ratgebern problematisch sein.

Ihnen wird im Leben viel Respekt entgegengebracht. Sie sind religiös oder haben spirituelle Neigungen. Sie stecken sich hohe und edle Ziele. Sie sind sehr kommunikativ, besitzen einen offenen Geist und sind sehr humorvoll. Sie haben das Talent zum Politiker, Diplomaten und Wissenschaftler und können Ihre Intuition und Ihren Verstand optimal miteinander verbinden. Wichtig ist jedoch, dass Sie an Ihrer Disziplin, Konzentration auf das Wesentliche und an Ihrem Pflichtbewusstsein arbeiten, vor allem, wenn es Ihre Aufgabe ist, andere Menschen zu führen.

Ihr Selbstbewusstsein unterliegt starken und häufigen Schwankungen, und es fällt Ihnen schwer, ein Heimatgefühl zu entwickeln. Vor allem Ihr Selbstbewusstsein mag unter Ihrer Neigung leiden, anderen den Vorrang zu lassen und sich um diese zu kümmern. Zu Ihrem Vater mögen Sie ein gestörtes Verhältnis haben, während Ihre Mutter eine starke, positive Rolle in Ihrem Leben spielen mag.

Aufgabe: Um Ihre eigene Individualität zu entwickeln und Ihr Selbstbewusstsein zu stärken, sollten Sie immer etwas Neues lernen, sich Wissen und Weisheit aneignen und auf gute Freunde und kompetente Ratgeber hören. Energetisch sind Sie ausgesprochen sensibel und besitzen die Neigung, sich zu verausgaben. Achten Sie auf Ihre Gesundheit, haushalten Sie mit Ihren Energien und nehmen Sie sich genügend Zeit zur Regeneration und zum Schlafen. Beherrschen Sie Ihre Leidenschaft und Aggressivität, indem Sie Ihre künstlerische und weibliche Seite betonen, in Ihrer Umgebung Harmonie und Klarheit schaffen und sich mehr Zeit für Ihre Beziehungen nehmen. Lassen Sie sich vor allem nicht von übertriebenem Ehrgeiz leiten.

Bändigen Sie Ihre Impulsivität durch gut geplantes Handeln nach klarer Methodik.

Dienstag im Mondjahr

	Führung	
	Merkur *Neutral*	
Ruhm	**Reichtum**	**Ideale**
Venus *Freund*	**Mond** *Negativ*	**Jupiter** *Neutral*
Extreme	**Unbeständigkeit**	**Störung**
Mars*	**Saturn** *Neutral*	**Sonne** *Feind*

Walter Scheel · Al Capone
Königin Elisabeth II · Sathya Sai Baba
Marilyn Monroe · Sigmund Freud
Boy George · Placido Domingo
Harry Belafonte · Kevin Costner
Frederico Fellini · Arnold Schwarzenegger
Bruce Lee · Rudolf Scharping

Mondjahre

1891 · 1898 · 1905 · 1912 · 1919 · 1926 · 1933 · 1940 · 1947
1954 1961 · 1968 · 1975 · 1982 · 1989 · 1996 · 2003 · 2010
(jeweils vom 15. April bis 14. April des nächsten Jahres)

Macher/in mit Charisma

Sie haben ein aktives, impulsives und kämpferisches Wesen, das gepaart mit Ihrem Charme und Ihrer magnetischen Ausstrahlung einen enormen Eindruck auf Ihre Mitmenschen machen kann. Sie interagieren mit Ihrer Umgebung spielerisch, kreativ und durch Ihren feinen, künstlerischen Selbstausdruck. Sie wirken sexuell anziehend und sind, was die Beziehung zum anderen Geschlecht betrifft, jedoch häufig zu impulsiv. Obwohl Sie von Ihrem Wesen her ein emotionaler Mensch sind, der sich durchs Leben fühlt und eine starke Intuition besitzt, neigen Sie dazu, sich mehr mit Ihren inneren Werten und Moralvorstellungen zu identifizieren. Dies bewirkt, dass Sie sich oft über Ihre Gefühle hinwegsetzen. Sie werden jedoch Ihrer Persönlichkeit und Ihrem wahren Wesen nicht wirklich gerecht, wenn Sie es nicht lernen, Ihren Gefühlen gebührend Raum zu geben.

Ihre Kindheit und Jugend mag von Krankheiten und Unfällen überschattet gewesen sein. Diese Tendenz legt sich jedoch mit zunehmendem Alter. Im Allgemeinen geht es in Ihrem Leben immer weiter bergauf. Sie besitzen einen extremen Charakter und finden selten den Weg der goldenen Mitte. Meistens gehen Sie aufs Ganze und handeln nach dem Motto „Alles oder nichts". Ihre Motivation, Ihre Energien, Ihre Vitalität und Ihr Mut mögen besonders ausgeprägt sein. Sie können Ihre starken Energien nutzen, um andere Menschen effektiv zu führen.

Nach außen hin sind Sie als feiner Mensch bekannt, der Harmonie und Klarheit liebt. Sie mögen für Ihre künstlerischen Talente und Ihr einnehmendes, angenehmes Wesen geschätzt werden. Mit Hilfe der Betonung dieses weiblichen Aspekts können Sie starke Schwankungen in den Bereichen Energiehaushalt, Motivation, Gesundheit und Sexualität ausgleichen.

Ihr Selbstbewusstsein mag ebenfalls einem ständigen Auf und Ab unterliegen. Auch mögen Sie Probleme mit Autoritätspersonen oder Ihrem Vater haben, da Autoritäten zu akzeptieren nicht gerade Ihre starke Seite ist. Sie respektieren jedoch Menschen mit Bildung, Wissen und Weisheit und streben danach, diese Ideale für sich selbst zu verwirklichen.

Aufgabe: Geben Sie Ihren starken, impulsiven und zugleich kreativen Energien klare Strukturen, einen moderateren Ausdruck, und setzen Sie diese verantwortungsbewusst ein. Wichtig ist, dass Sie Ihr klares Unterscheidungsvermögen nicht durch übereilte und spontane Entscheidungen ausschalten. Hierzu gehört auch, dass Sie sich mehr Zeit für Beziehungen nehmen. Suchen Sie, so oft es geht, den Rat guter Freunde und kompetenter Menschen. Eignen Sie sich selbst so viel Wissen und Weisheit wie möglich an, und versuchen Sie immer mehr zu lernen. Auf diese Weise können Sie Ihr Selbstbewusstsein stabilisieren und vielleicht sogar Ihr Autoritätsproblem lösen. Zufriedenheit erfahren Sie vor allem auf der geistigen Ebene, in friedvollen Situationen, in der Natur und durch Reisen und Bewegung. Sie können sich jedoch nicht immer auf Ihre Intuition verlassen. Überprüfen Sie alle Ihre Eingebungen sehr kritisch.

Geben Sie in Ihrem Handeln der kreativen Spontaneität klare Strukturen.

Mittwoch-Vormittag
im Mondjahr

	Führung Merkur*	
Ruhm Venus *Positiv*	**Reichtum** Mond *Freund*	**Ideale** Jupiter *Neutral*
Extreme Mars *Neutral*	**Unbeständigkeit** Saturn *Neutral*	**Störung** Sonne *Negativ*

Erich-Maria Remarque

Mondjahre

1891 · 1898 · 1905 · 1912 · 1919 · 1926 · 1933 · 1940 · 1947
1954 1961 · 1968 · 1975 · 1982 · 1989 · 1996 · 2003 · 2010
(jeweils vom 15. April bis 14. April des nächsten Jahres)

Denker/in mit Intuition und Gefühl

Sie besitzen ein emotionales, kreatives und fürsorgliches Wesen mit einem ausgeprägten Intellekt. Ihre Intuition und Ihr Intellekt können hervorragend zusammenarbeiten und daher herausragende Leistungen vollbringen. Sie haben das starke Bedürfnis, sich um andere zu kümmern und Ihre eigene Autorität anderen zu übertragen. Anstatt selbst Ihre Macht auszuüben, versetzen Sie lieber andere dazu in die Lage, dies zu tun. Hin und wieder mögen Sie dann unter diesem Autoritätsverlust leiden.

Sie besitzen auf andere Menschen eine sehr klare und harmonische Wirkung, sind beliebt und mögen mit künstlerischen Talenten an die Öffentlichkeit treten. Innerlich sind Sie ausgeglichen, streben nach Frieden und Ruhe, besitzen eine ausgeprägte Intuition und finden Ihre Zufriedenheit vor allem auf der geistigen oder mentalen Ebene oder in der Natur.

Ihre Kreativität können Sie problemlos in Worte fassen und diese durch Ihren charmanten und kreativen Selbstausdruck der Öffentlichkeit vermitteln. Sie mögen eine führende Position im geschäftlichen Bereich oder in der Verwaltung erreichen. Die Menschen nehmen Sie als einen hervorragenden Redner, als sozial eingestellt, weltoffen und humorvoll wahr. Im intellektuellen Bereich sind Sie sehr aktiv und produktiv und besitzen vielleicht auch Talente für Schreiben, Lehren und Vortragen. Ihr Geist lässt sich kaum auf ein Thema fokussieren. Er liebt es, sich mit allen möglichen Themen zu beschäftigen, offen für neue und andere Dinge zu sein und sich seine eigene Meinung zu bilden. Sie wählen gerne den direktesten Weg und finden diesen auch meistens.

Aufgabe: Nach außen hin treten Sie als balancierte und magnetisch anziehende Persönlichkeit auf, während Sie im Inneren unter einem gestörten Selbstbewusstsein leiden mögen. Auch mag Ihre Beziehung zu Ihrem Vater oder zu Autoritätspersonen im Allgemeinen gespannt sein. Jemand, der Ihnen gegenüber als Autorität auftreten möchte, mag es nicht leicht mit Ihnen haben. Leichter mag es Ihnen fallen, weise, gelehrte und wissende Menschen zu akzeptieren und zu respektieren, und Sie mögen auch selbst nach diesen Tugenden streben. Je mehr Sie sich weiterbilden, desto stärker wirken Sie den vorher beschriebenen Problemen entgegen.

Stärken Sie auch Ihre Disziplin und Ihr Pflichtbewusstsein, um mehr Erfolg im Beruf zu erreichen und andere Menschen effektiver führen zu können. Im Inneren tragen Sie einen Konflikt zwischen Ihrer starken emotionalen Seite und der schwachen Autorität Ihres Selbst aus. Stärken Sie Ihr Selbstbewusstsein, indem Sie die kreativen, offenen, emotionalen, intuitiven und kommunikativen Elemente Ihrer Persönlichkeit in Ihr Selbstbild integrieren und diese als Ihre wahren Stärken anerkennen.

Betrachten Sie die Welt mit philosophischer Distanz und teilen Sie anderen Ihre persönliche Weltsicht mit.

Mittwoch-Nachmittag
im Mondjahr

	Führung	
	Rahu*	
Ruhm	**Reichtum**	**Ideale**
Venus *Neutral*	Mond *Neutral*	Jupiter *Negativ*
Extreme	**Unbeständigkeit**	**Störung**
Mars *Positiv*	Saturn *Freund*	Sonne *Neutral*

Al Gore · Alice Cooper
John Lennon · Salman Rushdie
Peter Alexander · Jean-Paul Sartre

Mondjahre

1891 · 1898 · 1905 · 1912 · 1919 · 1926 · 1933 · 1940 · 1947
1954 1961 · 1968 · 1975 · 1982 · 1989 · 1996 · 2003 · 2010
(jeweils vom 15. April bis 14. April des nächsten Jahres)

Reformer/in mit Leidenschaft und Disziplin

Sie besitzen ausgezeichnete Führungsqualitäten, wobei Sie neben Ihrer großen Entschlossenheit vor allem auf Ihre Einfühlsamkeit, Intuition und Geistesgegenwart zurückgreifen können. Auch kommt Ihnen dabei Ihre extreme Motivation und starke physische und psychische Energie zugute. Ihr Erfolg beruht jedoch auch auf Pflichtbewusstsein und Disziplin, die Ihnen zwar gegeben sind, jedoch ein hohes Maß an Unbeständigkeit aufweisen und daher zu einem ständigen Thema in Ihrem Leben avancieren können. Sie mögen als ein Draufgänger bekannt werden, der sich nicht durch gesellschaftliche Konventionen einschränken lässt. Sie mögen extrem leidenschaftlich und kämpferisch veranlagt sein, können Konfliktsituationen jedoch im Allgemeinen erfolgreich meistern.

Sie sind sehr direkt und erwaten dies auch von anderen. Sie wissen genau, was Sie tun und warum Sie es tun. Sie haben klare Pläne und man sollte sich Ihnen nicht in den Weg stellen. Sie können als konsequenter Reformer und Rebell auftreten, der die althergebrachten Strukturen und Gedankengänge umwirft und neue Strukturen und Formen schafft. Sie sind im Allgemeinen sehr von der Richtigkeit Ihres Handelns überzeugt und lassen sich von anderen selbst dann nicht von Ihren Plänen abbringen, wenn diese logische und rationale Gegenargumente haben. Sie sind sehr mutig und nehmen Dinge in Angriff, an die sich niemand sonst heranwagt. Sie leben Ihr Leben auf Ihre eigene Weise und sind schwer zu manipulieren.

Hinter Ihrem entschlossenen Auftreten steht jedoch ein angeschlagenes Selbstbewusstsein, das durch eine problematische Vaterbeziehung verursacht sein mag. Ihr eigenes Selbstbild mag von negativen Vorstellungen und Projektionen überschattet sein und sich daher hinter einer Fassade aus äußerem Handlungsdrang und Veränderungsgeist verbergen.

Nach außen hin erscheinen Sie attraktiv und strahlen Harmonie aus. Sie mögen auch im künstlerischen Bereich in Erscheinung treten. Sie können Disziplin, Pflichtbewusstsein und Konzentration auf das Wesentliche an den Tag legen, doch können Sie sich auf diese Eigenschaften nicht verlassen, da sie Schwankungen unterworfen sind. Vielmehr stehen Ihnen diese Eigenschaften nur durch eine ständige bewusste Bemühung zu Diensten. Sowohl mit Lehrern als auch mit Ratgebern mögen Sie Schwierigkeiten haben, obwohl Sie selbst danach streben mögen, eine solche Rolle einzunehmen. Auch streben Sie nach Wissen, Weisheit und Bildung, stoßen auf diesem Weg jedoch auf viele Hindernisse. Vor allem wird es für Sie und andere schwierig sein, Ihren eigenen Idealen von Wissen, Weisheit, Moral und Religiosität gerecht zu werden, da Sie in diesen Bereichen einen hohen Maßstab anlegen.

Aufgabe: Sie sind prädestiniert für Führungsaufgaben. Wenn Sie dazu noch Ihre impulsive Machernatur durch Verantwortungsbewusstsein und klare Strukturen disziplinieren, können Sie fast alles erreichen. Achten Sie darauf, in Ihren Aktivitäten die richtige Balance zu finden zwischen dem, was Sie für die Welt, und dem, was Sie für sich selbst tun.

Um innere Zufriedenheit zu erlangen, brauchen Sie Frieden, Ruhe, Natur und emotionale Erfüllung. Obwohl Ihre Gefühlswelt im Zentrum Ihres Bewusstseins steht, laufen Sie Gefahr, Ihren Kopf, Ihr Ego und Ihr Handeln von Ihren Emotionen und Intuitionen zu isolieren. Streben Sie daher immer nach einer Einheit von Kopf, Hand und Herz.

Hören Sie mehr auf Ihre innere moralische Instanz und Ihr objektives Urteilsvermögen.

Donnerstag im Mondjahr

	Führung	
	Merkur *Neutral*	
Ruhm	**Reichtum**	**Ideale**
Venus *Neutral*	**Mond** *Positiv/Feind*	**Jupiter***
Extreme	**Unbeständigkeit**	**Störung**
Mars *Neutral*	**Saturn** *Neutral*	**Sonne** *Freund*

Ringo Starr · Harry S. Truman
Sri Caitanya · Gudrun Ensslin
Richard Nixon

Mondjahre

1891 · 1898 · 1905 · 1912 · 1919 · 1926 · 1933 · 1940 · 1947
1954 1961 · 1968 · 1975 · 1982 · 1989 · 1996 · 2003 · 2010
(jeweils vom 15. April bis 14. April des nächsten Jahres)

Idealist/in mit philosophischer Ader

Sie leben gerne auf großem Fuß und streben nach einer hohen Stellung, entweder in der Geschäftswelt oder in der Verwaltung. Sie besitzen eine scharfe Intelligenz und Talente im Bereich der Kommunikation, der Organisation oder der Finanzen. Grenzen zu überschreiten und Veränderungen herbeizuführen motiviert Sie ebenso wie Wissen und Literatur. Bildung, Lernen, Philosophie, Religion und Studium nehmen in Ihrem Leben eine zentrale Rolle ein. Sie bewundern Menschen, die in diesen Bereichen Großes leisten, und bemühen sich, es ihnen gleich zu tun. Vielleicht üben Sie selbst Lehrtätigkeiten aus oder fühlen sich zu religiösen Aktivitäten hingezogen.

Ihr Selbstbewusstsein mag stark ausgeprägt sein, doch wird es trotzdem in Ihrem Leben eine ständige Quelle von Störungen darstellen und starken Schwankungen unterliegen. Durch Meditation und spirituelle Praxis können Sie Ihre Individualität stärken und Ihr Selbstvertrauen stabilisieren. Um Zufriedenheit zu finden, brauchen Sie auch eine friedliche und beschützte Atmosphäre und müssen sich von anderen verstanden fühlen.

Sie neigen dazu, im energetischen Bereich an Ihre Grenzen zu gehen, und mögen Schwierigkeiten haben, Ihre Energien zu balancieren. Entweder sind Sie völlig ohne Kraft und Motivation oder Sie sprühen geradezu vor Enthusiasmus und Energie. Auch im Bereich Disziplin, Konzentration auf das Wesentliche, Arbeit und Pflichtbewusstsein sind Sie nicht immer verlässlich.

Aufgabe: Sie besitzen ein starkes inneres Gefühl der Autorität und der Macht und haben das Bedürfnis, dieses Selbstbild im Außen geltend zu machen. Es fällt Ihnen jedoch schwer, Ihre Individualität nach außen hin darzustellen, wofür Sie Ihr stark emotional und intuitiv geprägtes inneres Wesen und Wertesystem verantwortlich machen. Ihre rezeptive und fürsorgliche Natur erscheint Ihnen zuweilen als ein Hindernis für die Verwirklichung Ihrer persönlichen Ziele. Diese innere Zerrissenheit überwinden Sie dadurch, dass Sie Ihr spirituelles Selbst als losgelöst von Körper, Geist und äußeren Identifikationen sehen lernen. Eignen Sie sich metaphysisches Wissen an und wenden Sie sich an weise Menschen. Die Alternative hierzu besteht darin, Ihre inneren Überzeugungen in Form einer Ideologie, Philosophie oder religiösen Weltanschauung zu formulieren und zu kommunizieren, die Wahrheit und Liebe verbindet, und auf diese Weise Ihre innere Identität zu finden. Während Ihr Verstand eher zu einer harten

Beurteilung neigt, die nach Wahrheit und Gerechtigkeit verlangt, ist Ihr Gemüt geneigt, andere Menschen mit Liebe, Vergebung und Güte zu betrachten. Bringen Sie diese beiden Pole Ihres Wesens miteinander in Einklang. Das wird Ihnen gelingen, wenn Sie anderen offen zuhören und versuchen, sie zu verstehen. Teilen Sie anderen auch Ihre Weltanschauung mit und streben Sie nach einem Ausgleich. Hierbei werden wohl auch einige Experimente nötig sein.

Indem Sie den künstlerischen, weiblichen und Beziehungsaspekt des Lebens stärker betonen, können Sie auch Ihre männlichen Energien stabilisieren. Versuchen Sie in allem, was Sie tun, beide Seiten zum Ausgleich zu bringen. Das wird Ihnen helfen, in Beziehungen weniger Stress zu erleben.

Finden Sie für sich selbst einen Ausgleich zwischen Wahrheit und Liebe und teilen Sie diese Weisheit mit anderen.

Freitag im Mondjahr

	Führung	
	Merkur *Positiv*	
Ruhm	**Reichtum**	**Ideale**
Venus*	**Mond** *Neutral*	**Jupiter** *Neutral*
Extreme	**Unbeständigkeit**	**Störung**
Mars *Freund*	**Saturn** *Negativ/Feind*	**Sonne** *Neutral*

*Michael Schumacher · Wladimir Lenin
Nina Hagen*

Mondjahre

1891 · 1898 · 1905 · 1912 · 1919 · 1926 · 1933 · 1940 · 1947
1954 1961 · 1968 · 1975 · 1982 · 1989 · 1996 · 2003 · 2010
(jeweils vom 15. April bis 14. April des nächsten Jahres)

Künstler/in mit
herausragendem Intellekt

Sie mögen durch künstlerische Betätigung Bekanntheit erlangen oder anderen Menschen einfach durch Ihr harmonisches, ausgleichendes und angenehmes Wesen auffallen. Sie besitzen einen magnetischen Charme, der andere in Ihren Bann schlägt, und mögen die Welt durch Eleganz und Feinheit beeindrucken. In Ihnen verbinden sich ein feines Empfinden für Harmonie und Ästhetik mit kreativen Talenten. Im Zentrum Ihres Bewusstseins stehen Ihre Emotionen und Intuitionen, die Sie anderen Menschen hervorragend kommunizieren können. Sie haben die Neigung, sich um andere zu kümmern und sie zu umsorgen, und erhalten dafür viel Sympathie.

Sie nehmen Ihr Schicksal selbst in die Hand und sind äußerst selbständig. Sie sind gebildet, mutig, ehrgeizig, strebsam und weise. Auch besitzen Sie starke physische und mentale Energien, die Sie nutzen können, um andere Menschen zu führen und zu motivieren. Sie können extrem kämpferisch, energisch und abenteuerlustig sein und sind sehr begeisterungsfähig.

Sie haben ein ausgesprochenes Kommunikations-talent und mögen ein versierter Redner und Unter-halter sein. Sie sind humorvoll, sozial eingestellt und in der Lage, klare Entscheidungen zu treffen. Sie werden von logischen Überlegungen geleitet, die Sie immer mit Ihrer ebenfalls starken Intuition abstim-men sollten.

Disziplin, Pflichtbewusstsein, Planung, Organisa-tion und Konzentration auf das Wesentliche scheinen nicht Ihre Stärke zu sein. Auch kann es passieren, dass Sie in Ihrem Leben immer wieder viele lose Enden hinterlassen und Dinge nicht wirklich zum Abschluss bringen.

Aufgabe: Suchen Sie immer wieder nach einer medi-tativen Pause und friedvollen Phasen, um Ihre Situa-tion zu überdenken und neu zu ordnen. Andere mögen Ihnen Ihr teilweise unverantwortliches und willkürliches Verhalten aufgrund Ihres sympathi-schen Wesens gerne verzeihen. Ihr Selbstbewusstsein mag jedoch viel stärker darunter leiden.

Ihr Selbstbewusstsein mag auch sonst immer wie-der Störungen ausgesetzt sein, und es fällt Ihnen schwer, sich mit Ihren äußeren Tätigkeiten wirklich zu identifizieren. Sie bewundern Menschen, die sich mit Bildung, Weisheit, Wissen und Spiritualität beschäftigen, und streben selbst nach diesen Dingen. Je mehr Sie lernen und auf den Rat guter Freunde hören, desto mehr stabilisiert sich Ihre ganze Persönlichkeit. Hüten Sie sich jedoch davor, durch energischen und spontanen Enthusiasmus zu Fehlentscheidungen verleitet zu werden, und achten Sie darauf, sich genügend Ruhe und Zeit zur Regeneration zu gönnen.

Entwickeln Sie mehr persönliche Verlässlichkeit, indem Sie sich über die Gefühle und Bedürfnisse anderer bewusster werden.

Samstag im Mondjahr

	Führung	
	Merkur *Neutral*	
Ruhm	Reichtum	Ideale
Venus *Negativ/Feind*	**Mond** *Neutral*	**Jupiter** *Neutral*
Extreme	Unbeständigkeit	Störung
Mars *Neutral*	**Saturn***	**Sonne** *Positiv*

Friedrich Ebert · Prinzessin Diana
Carlos Santana · Angela Merkel
Otto von Bismarck · Aurangzeb · Stephen King

Mondjahre

1891 · 1898 · 1905 · 1912 · 1919 · 1926 · 1933 · 1940 · 1947
1954 1961 · 1968 · 1975 · 1982 · 1989 · 1996 · 2003 · 2010
(jeweils vom 15. April bis 14. April des nächsten Jahres)

Macher/in im Dienst
für andere

Ihr inneres Wesen strebt nach Struktur, Disziplin, Verantwortung und Klarheit, steht hierin jedoch im krassen Gegensatz zu Ihrem äußeren Wirken und Erscheinen, das unstrukturiert und unzuverlässig sein mag. In Ihrem Leben wird es sehr stark um die Überwindung dieses Zwiespaltes gehen.

Sie mögen in Ihrem Leben vielfache Veränderungen erfahren. Ihre Gesundheit und Ihr Wohlstand mögen ständigen Schwankungen unterliegen. Vielleicht leiden Sie auch unter nervösen Spannungen und richten sich häufig nach dem, was andere von Ihnen wollen. In einem späteren Lebensabschnitt mögen Sie eine Lehrtätigkeit ausüben.

Nach außen hin mögen Sie sehr anziehend wirken, besonders schön sein und künstlerisch in Erscheinung treten. Vielleicht besitzen Sie jedoch in Hinblick auf diese Themen einen ungewöhnlichen Geschmack, der von der gesellschaftlichen Norm abweicht, oder haben eine reservierte Haltung Frauen gegenüber. Der männliche Teil Ihrer Persönlichkeit ist sehr dominant und verleitet Sie dazu, sich extrem kämpferisch, motiviert und energisch zu zeigen. Sie können mit Ihrer Energie nicht Maß halten und auch zur Sexualität finden Sie kein ausgewogenes Verhältnis. In all diesen Lebensbereichen leben Sie nach dem Motto „Ganz oder gar nicht".

Aufgabe: Ihr Selbstbewusstsein mag Schwankungen unterliegen, und obwohl Sie eine ausgeprägte Individualität und Persönlichkeit besitzen, erfahren Sie gerade hierdurch immer wieder Störungen. Durch eine systematische, disziplinierte und strukturierte Herangehensweise ans Leben kann es Ihnen jedoch gelingen, die Kluft zwischen Ihrem äußeren Erscheinen und Handeln und Ihrer Selbstidentifikation zu überbrücken. Entwickeln Sie eine klare und strukturierte Vision von Ihrer persönlichen Karriere im Leben, um Ihren inkonsistenten Energien und Erfahrungen eine einheitliche Richtung zu geben.

Um innere Zufriedenheit zu erlangen, müssen Sie geistig aktiv sein, sich mit Meditation beschäftigen oder eine friedvolle beschütze Atmosphäre finden. Sie genießen die Natur und besitzen eine starke Intuition. Verbinden Sie in all Ihren Handlungen Ihre weiblichen und männlichen Energien miteinander und achten Sie immer auf deren Gleichgewicht.

Sie sind ein guter Redner, besitzen gute Kommunikationseigenschaften und einen klaren logischen Verstand. Gute Gespräche und Bücher können Sie daher motivieren. Darüber hinaus streben Sie nach Wissen, Weisheit und Spiritualität und bewundern und respektieren Menschen, die das verkörpern. Zu Ihren Lehrern haben Sie eine respektvolle Beziehung. Fahren Sie immer fort, neue Dinge zu lernen, und suchen Sie so oft es geht den Rat guter Freunde und Ratgeber.

Überbrücken Sie die Kluft zwischen Ihrem äußeren Erscheinen und Ihrer Selbstidentifikation durch geplantes und strukturiertes Handeln.

Die Mars-Familie

	Führung	
	Jupiter	
Ruhm	**Reichtum**	**Ideale**
Saturn	Mars	Venus
Extreme	**Unbeständigkeit**	**Störung**
Merkur	Sonne	Mond

Marsjahre

1892 · 1899 · 1906 · 1913 · 1920 · 1927 · 1934 · 1941 · 1948
1955 · 1962 · 1969 · 1976 · 1983 · 1990 · 1997 · 2004 · 2011
(jeweils vom 15. April bis 14. April des nächsten Jahres)

Mit Mars im Haus des Reichtums dreht sich Ihr Leben um aktives Handeln, aus dem konkrete Resultate hervorgehen. Sie sind ein Macher und wollen etwas Substanzielles in dieser materiellen Welt hinterlassen. Am Ende eines jeden Tages und am Ende des Lebens mögen Sie fragen, was Sie geschaffen oder erreicht haben, etwas, das sich in der dreidimensionalen Welt vorzeigen lässt. Um letztlich wirkliche innere Zufriedenheit zu erlangen, wofür das Haus des Reichtums steht, ist es für Sie sehr wichtig, vor allem Ihr Handeln in einen umfassenden spirituellen Zusammenhang zu stellen. Mit Mars in diesem Haus können Sie handeln um des Handelns willen. Je mehr Sie hingegen in einem Geist der Loslösung handeln, das heißt, das konkrete Ergebnis Ihres Handelns nicht für sich selbst genießen, sondern es anderen übergeben oder direkt für andere tätig sind, desto mehr innere Zufriedenheit werden Sie erlangen. Ihre natürliche Opferbereitschaft, die mit einem dominanten Mars einhergeht, unterstützt Sie hierbei.

Sie lieben den Wettkampf und sind bereit, für Ihren Erfolg und das Erreichen Ihrer Ziele alles zu geben. Sie identifizieren sich sehr mit Ihrem physischen Körper und sind stark auf physische Beziehungen ausgerichtet. Sexualität spielt daher für Sie eine große Rolle. Sie besitzen viel Mut und physische Energie und mögen Ihre emotionalen und sozialen Probleme auf der physischen Ebene in Form von Krankheiten verarbeiten.

Sie bevorzugen Tätigkeiten, die Kraft, Durchsetzungsvermögen und starke Nerven erfordern, und gewähren daher grundsätzlich Ihren Gefühlen keinen großen Spielraum.

Mit Jupiter im Haus der Führung erkennen Sie

auf den ersten Blick, was in Ihrer Umgebung geschieht. Sie bilden sich schnell eine Meinung darüber, was für Sie richtig und falsch ist, und erheben diese zum Gesetz. Sie beanspruchen für sich einen hohen moralischen Standard, der Sie im Leben leitet und motiviert. Sie bringen sich als Lehrer und Unterweiser ein, und andere akzeptieren Sie als Autorität.

Mit Merkur im Haus der Extreme sind Sie ein guter Lehrer oder Ratgeber, da Merkur Jupiter im Haus der Führung mit seinem Intellekt unterstützt. Verbunden mit der physischen Kraft des Mars können Sie Ihren scharfen Intellekt optimal einsetzen.

Saturn und Venus stellen in Ihrem Horoskop ein starkes Gegensatzpaar dar. Während der arbeitsame, pflichtbewusste und korrekte Saturn Ihre öffentlichen Beziehungen charakterisiert und damit eine starke Ernsthaftigkeit und eine gewisse Distanziertheit in Ihre sozialen Aktivitäten hineinbringt, steht Venus, die Kreativität, Liebe, Wertschätzung für das Schöne und verspielte Leichtigkeit repräsentiert, in dem inneren Haus der Ideale. Sie weist darauf hin, dass Ihr inneres Leben durch Spontaneität und verspielte Kreativität geprägt wird. Beziehungen sind Ihnen im privaten Bereich sehr wichtig, doch konzentrieren Sie sich auf sehr wenige enge Freundschaften, denn Sie erwarten viel von Ihren Freunden und sind leicht enttäuscht. Dafür halten Ihre Beziehungen oft ein Leben lang.

Sie können gut mit der Öffentlichkeit umgehen. Sie sehen die Welt als einen Ort an, wo Sie Ihre Pflicht erfüllen und Ihrer Verantwortung gerecht werden müssen. Sie stellt in gewisser Weise Ihren Arbeitsplatz dar. Sie fühlen sich dabei zu einem Helferberuf oder insgesamt zu einer dienenden Rolle hingezogen. Verbinden Sie die Neigung der Hingabe mit dem Tatendrang des Mars und der Güte und Liebe der Venus, mögen Sie große Freude durch selbstlose Tätigkeiten zum Wohl anderer verbreiten und auch selbst erfahren.

Eine komfortable Umgebung und eine schöne Ausstattung ist Ihnen wichtig. Auch kultivieren Sie ein Interesse an Kunst und Kultur, erreichen hierin jedoch selten Zufriedenheit und ein Gefühl der Erfüllung.

Sind Sie eine Frau, so streben Sie ständig danach, Ihre Weiblichkeit zu betonen und zu verstärken, während Sie nach immer größerer Intimität mit Frauen streben, wenn Sie ein Mann sind.

Mit der Sonne im Haus der Unbeständigkeit ist Ihr Selbstvertrauen beeinträchtigt, das zudem ständig unter der Dominanz des Mars leidet, der der Sonne feindlich gegenübersteht und auf diese einen gewissen Druck ausübt. Mit Hilfe des Saturns können Sie nach außen hin Kompetenz und Fähigkeiten zeigen.

Mit dem Mond im Haus der Störung kämpfen Sie häufig mit Ihren Gefühlen und haben die Tendenz, diese unter den Teppich zu kehren. Sie halten

Gefühle für überflüssig und sehen sie als Störung an. Sie verbergen Ihre Gefühle immer vor anderen und lösen emotionale Konflikte, wenn überhaupt, nur im Privaten. Verbinden Sie Ihre geschwächte emotionale Seite mit Ihrer Sensibilität für Kunst, Musik, Schönheit und Liebe und investieren Sie Ihre Gefühle in feine und tiefe Beziehungen. Gerade in diesen Beziehungen mögen emotionale Konflikte dann zum Problem werden, doch bieten sie gleichzeitig auch die größte Chance, sie zu lösen.

Sie fühlen sich häufig Ihrer persönlichen Kraft und Energie beraubt oder verlieren diese im Lauf der Zeit, selbst wenn Sie einen guten Start verzeichnen können.

Die Energien von Merkur, Jupiter und Mond arbeiten gut zusammen, wenn Ihr Verstand und Ihr Herz im Einklang stehen. Dann kann Merkur die Weisheit des Jupiters in Worte fassen. So können Sie leicht mit der Stärke Ihres Geistes beeindrucken. Ihr Verstand und Ihre Gefühle können gut miteinander kommunizieren, was wichtig ist, da Sie eine große Diskrepanz zwischen Ihrem durch Saturn beherrschten disziplinierten und harten Äußeren und Ihrem von Venus beherrschten verspielten und beziehungsorientierten Inneren erfahren. Wenn diese Bewusstseinsfunktionen aus der Balance sind, haben Sie die Neigung, Ihren Intellekt und Ihre Kraft dazu zu benutzen, Ihre Emotionen zu unterdrücken.

Merkur hat hierbei die wichtige Funktion, den Verstand und das Herz miteinander zu verbinden, was er jedoch nicht nur allein in innerer Bewusstseinsarbeit tun kann. Er muss daher zumindest einen Teil des emotionalen Aufarbeitungsprozesses durch verbale Formulierung andern mitteilen können.

Sonntag im Marsjahr

	Führung	
	Jupiter *Freund*	
Ruhm	**Reichtum**	**Ideale**
Saturn *Positiv*	Mars *Feind*	Venus *Neutral*
Extreme	**Unbeständigkeit**	**Störung**
Merkur *Negativ*	Sonne* 	Mond *Neutral*

Prinz Charles · Olivia Newton-John
Erich von Däniken · Günter Grass · Julian Lennon
Alfred Hitchcock · Isabelle Adjani
Charlie Chaplin · Geena Davis

Marsjahre

1892 · 1899 · 1906 · 1913 · 1920 · 1927 · 1934 · 1941 · 1948
1955 · 1962 · 1969 · 1976 · 1983 · 1990 · 1997 · 2004 · 2011
(jeweils vom 15. April bis 14. April des nächsten Jahres)

Macher/in mit Identitätskonflikt

Sie erreichen Ihre Ziele im Leben durch eigene Bemühungen und vertrauen am liebsten auf sich selbst. Ihre Gesundheit, Ihre Vitalität, Ihr Selbstbewusstsein und Ihr Wohlbefinden mögen jedoch häufigen Schwankungen unterliegen. Wann immer Sie versuchen, durch starke Anstrengungen, kämpferischen Einsatz, Sexualität oder ähnliche Aktivitäten innere Zufriedenheit zu erlangen, mag diese Wechselhaftigkeit noch zunehmen. Ihr leidenschaftliches Bestreben nach Zufriedenheit und Ihr intensives Bedürfnis, vor allem Ihre physischen Energien zum Ausdruck zu bringen, führen immer wieder zum Konflikt mit Ihrem labilen Selbstvertrauen, so dass das Bild, das Sie von sich selbst haben, in Frage gestellt wird. Es mangelt Ihnen an innerer Autorität und Souveränität, um Ihre Machernatur zu bändigen. Nach außen hin wirken Sie jedoch diszipliniert, organisiert und pflichtbewusst. Je stärker Sie diese Werte betonen, desto mehr stabilisiert sich auch Ihre persönliche Verfassung.

Sie sind fähig, gerechte Entscheidungen zu treffen, weise zu urteilen und anderen ein guter Ratgeber und Freund zu sein. Auch Ihre Gabe, zu organisieren und Strukturen zu schaffen, unterstützt Sie dabei, wenn es darum geht, andere Menschen zu führen.

Eine große Schwäche stellt jedoch Ihre Art der Kommunikation dar: Manchmal sind Sie ein verlässlicher Kommunikationspartner, manchmal aber auch gar nicht ansprechbar. Sie mögen in Ihrem Kommunikationsverhalten zwischen Extremen hin und her schwanken. Mal sind Sie äußerst kommunikativ und kontaktfreudig, während Sie sich auch ganz zurückziehen können, wenn Ihr Ego verletzt wird. Sie versuchen der Welt mit Logik zu begegnen, mögen jedoch auch hierbei zwischen extrem logischem und allen Verstandesregeln widersprechendem Verhalten wechseln. Es fällt Ihnen schwer, Ihre Gefühle mitzuteilen, und Sie neigen dazu, Ihre Emotionen zu unterdrücken. Die Beziehung zu Ihrer Mutter mag emotional belastet sein und unter negativen Projektionen leiden.

Aufgabe: Sie möchten die Welt aktiv mitgestalten und formen. Ihr geringes beziehungsweise angegriffenes Selbstvertrauen bremst Sie jedoch, Ihr starkes Energiepotenzial zu entfalten. Sie können dem entgegenwirken, indem Sie diszipliniert, pflichtbewusst und verantwortlich auftreten. Ebenso tut es Ihnen gut, sich mit Kunst, Musik und Kultur zu beschäftigen und sich mehr Zeit für Beziehungen zu nehmen, denn eine harmonische Umgebung ist für Sie sehr aufbauend.

Sie mögen häufig die Diskrepanz zwischen Ihrer nach außen hin stark strukturierten und nach innen hin sehr kreativen und spontanen musischen Seite spüren. Sie sollten versuchen, in Ihrem Handeln diese gegensätzlichen Seiten auszubalancieren, indem Sie beiden ausreichend Raum gewähren. In Ihren Beziehungen wird Sexualität eine große Rolle spielen, Ihre sinnlichen Wünsche finden jedoch selten wirklich Erfüllung. Setzen Sie Ihre Sensibilität für Harmonie, Schönheit, Kultur und Feinheit ein, um den Konflikt zwischen Ihrer impulsiven Kraft und Ihrem um Selbstbehauptung strebenden Ego zu schlichten.

Um Störungen im emotionalen Bereich entgegenzuwirken, sollten Sie sich viel Zeit für sich selbst nehmen, viel lesen, tiefe Gespräche führen, immer dem Rat guter Freunde gegenüber offen sein und nach spiritueller Erkenntnis streben.

Finden Sie Ihre Identität durch beziehungsorientiertes Handeln.

Montag im Marsjahr

	Führung	
	Jupiter *Positiv/Feind*	
Ruhm	**Reichtum**	**Ideale**
Saturn *Neutral*	Mars *Negativ*	Venus *Neutral*
Extreme	**Unbeständigkeit**	**Störung**
Merkur *Freund*	Sonne *Neutral*	Mond*

Giacomo Casanova · Elvis Presley
Alfred Biolek · Gérard Depardieu
Wilhelm Furtwängler · Marcel Proust

Marsjahre

1892 · 1899 · 1906 · 1913 · 1920 · 1927 · 1934 · 1941 · 1948
1955 · 1962 · 1969 · 1976 · 1983 · 1990 · 1997 · 2004 · 2011
(jeweils vom 15. April bis 14. April des nächsten Jahres)

Macher/in mit emotionaler Tiefe

Sie sind von Natur aus sehr gefühlsbetont und intuitiv veranlagt. Ihre Emotionen mögen jedoch sehr wechselhaft sein und häufig außer Kontrolle geraten. Ihr Gefühl führt einen ständigen Kampf, um sich gegen Ihren starken Intellekt und Ihre impulsive Natur zu behaupten. Je mehr Sie die beziehungs-orientierte, kreative und spontane Seite Ihrer Persönlichkeit entfalten, desto eher können Sie Ihre unterdrückten Emotionen befreien und zum Ausdruck bringen. Überhaupt sind Beziehungen für Sie ein Schlüssel, um diese Schwächen auszugleichen. Stark physisch betonte Sexualität mag Ihre emotionale Isolation noch verstärken, während eine sinnlich, aber kreativ und harmonisch gelebte sexuelle Beziehung zu einem emotionalen Ausgleich beitragen kann.

In der Kindheit mögen Sie häufig krank gewesen und mehrere Male umgezogen sein, so dass es schwierig für Sie sein könnte, ein Heimatgefühl zu entwickeln. Ihre Gesundheit dürfte ebenfalls nicht die beste sein.

Sie besitzen einen starken Sinn für Gerechtigkeit

und Moral, mit dessen Hilfe Sie andere Menschen führen können. Die Fähigkeit, zu organisieren, Werte zu erhalten und klare Strukturen zu schaffen, hilft Ihnen dabei und wird von anderen geschätzt.

Die unbändige Kraft in Ihnen rebelliert häufig gegen Autorität und Führung. Durch die gewissenhafte Erfüllung Ihrer Verpflichtungen und den Dienst für andere können Sie diesen Konflikt bewältigen. Hierbei hilft Ihnen auch die Teilnahme am aktiven Kulturleben und die emotionale Heilung in liebevollen Beziehungen. Zufriedenheit suchen Sie in sportlichen Tätigkeiten, Sexualität und Abenteuer, erfahren hierbei jedoch immer wieder Stress und Konflikte.

Aufgabe: Beschäftigen Sie sich mit Kunst, Musik, Kultur und anderen kreativen Ausdrucksformen, um Ihre Persönlichkeit und Ihre Gefühlswelt zu stärken. Es fällt Ihnen schwer, ein verlässlicher Kommunikationspartner zu sein, da Sie in diesem Bereich zu Extremen neigen. Gerade hier müssen Sie Disziplin und Verlässlichkeit entwickeln. Hüten Sie sich davor, alles logisch und analytisch verstehen zu wollen, doch auch das Gegenteil dient Ihnen nicht. Betrachten Sie die Welt mit einer offenen Geisteshaltung und seien Sie bedacht darauf, andere Menschen zu verstehen, ihnen als Freund mit gutem Rat zur Seite zu stehen und Dinge mit Humor aufzunehmen.

Ihr Selbstbewusstsein ist ebenfalls unzuverlässig.

Sie können es jedoch stärken, indem Sie Ihre Talente im Bereich der Ausbildung, des Lernens und Lehrens, der disziplinierten Arbeit und der Spiritualität entdecken und pflegen. Vermeiden Sie übergroßen Ehrgeiz, übertriebene Anstrengungen, unnötige Kämpfe und zu viel Leidenschaft. Je mehr Sie den geistigen und spirituellen Aspekt von Beziehungen betonen, desto zufriedener werden Sie sein.

Stabilisieren Sie Ihre Gefühlswelt durch kommunikative Beziehungen.

Dienstag im Marsjahr

	Führung	
	Jupiter *Neutral*	
Ruhm	**Reichtum**	**Ideale**
Saturn *Neutral*	Mars* 	Venus *Freund*
Extreme	**Unbeständigkeit**	**Störung**
Merkur *Neutral*	Sonne *Feind*	Mond *Negativ*

*Mel Gibson · Johannes Paul II
Leonid Breschnjew · Norman Schwarzkopf
Wolfgang Döbereiner · Hans Eichel
Shirley MacLaine · Herbert Wehner*

Marsjahre

1892 · 1899 · 1906 · 1913 · 1920 · 1927 · 1934 · 1941 · 1948
1955 · 1962 · 1969 · 1976 · 1983 · 1990 · 1997 · 2004 · 2011
(jeweils vom 15. April bis 14. April des nächsten Jahres)

Macher/in auf der Suche nach sich selbst

Sie stecken sich hohe Ziele und besitzen auch die Kraft und Motivation, diese zu erreichen. Man bringt Ihnen Respekt entgegen, und Sie können im Beruf leicht Karriere machen. Sie besitzen viel Energie, vor allem im physischen Bereich, mögen sportliche Tätigkeiten, sind mutig, abenteuerlustig und kämpferisch veranlagt. Sexualität und Leidenschaft sind Ihnen wichtig, und manchmal mag auch das Temperament mit Ihnen durchgehen. Hierbei kann es geschehen, dass Sie Ihr Streben nach Selbstverwirklichung und Ihre emotionale Seite durch Ihre starke Impulsivität, Ihr Macher-Image oder Ihr starkes Erfolgsstreben unterdrücken.

Sie gelangen vor allem durch Ihre eigenen Bemühungen zu Zufriedenheit, Reichtum und beruflichem Erfolg. Ihre Schwäche besteht jedoch in häufigen Gefühlsschwankungen und mentaler Unruhe, was Sie auch in Beziehungen immer wieder zu Problemen führt. Gerade in Beziehungen haben Sie jedoch die Chance, Zufriedenheit, Ausgeglichenheit, Schutz und Frieden zu finden. Sie müssen hierbei aber zu viel Leidenschaft und Betonung des Physischen vermeiden.

Ihre Gesundheit mag anfällig sein, vor allem in Bezug auf die Verdauung und die Atemwege. Weniger Stress und materieller Ehrgeiz und stattdessen mehr Klarheit und Harmonie in Ihren Beziehungen sind hier der Schlüssel für Ihr Wohlbefinden.

Ihr Selbstbewusstsein ist geschwächt, und Sie mögen sogar zu Minderwertigkeitskomplexen neigen. Das kann jedoch einen starken übertriebenen Ehrgeiz verursachen, der nicht zu innerer Zufriedenheit führt.

Aufgabe: Je mehr Sie im Außen nach Bestätigung streben, desto unzufriedener werden Sie. Achten Sie daher in Ihrem Handeln auf einen Ausgleich zwischen Ihren sozialen Verpflichtungen und Ihren inneren Bedürfnissen. Entwickeln Sie Ihre emotionale Seite durch Güte, eine harmonische Verbindung von Liebe und Sexualität und die Entwicklung Ihrer inneren Kreativität. Konzentrieren Sie sich auf das Wesentliche, hören Sie auf den Rat guter Freunde und bereichern Sie Ihr Leben mit Spiritualität und Meditation.

Sie haben die Fähigkeit, Menschen zuzuhören und sie zu verstehen. Seien Sie anderen ein wohlmeinender Freund, den man immer um einen verlässlichen Rat bitten kann. Lesen Sie viel Weisheitsliteratur und nehmen Sie alles mit Humor. Auch von Kindern können Sie viel lernen.

Schaffen Sie Harmonie in Ihren Hand-
lungen und Gefühlen durch Liebe und bän-
digen Sie Ihre Impulsivität durch Demut
und Verantwortung.

Mittwoch-Vormittag
im Marsjahr

	Führung	
	Jupiter *Neutral*	
Ruhm	**Reichtum**	**Ideale**
Saturn *Neutral*	Mars *Neutral*	Venus *Positiv*
Extreme	**Unbeständigkeit**	**Störung**
Merkur*	Sonne *Negativ*	Mond *Freund*

Niels Bohr · Jesse Jackson
Ernest Hemingway

Marsjahre

1892 · 1899 · 1906 · 1913 · 1920 · 1927 · 1934 · 1941 · 1948
1955 · 1962 · 1969 · 1976 · 1983 · 1990 · 1997 · 2004 · 2011
(jeweils vom 15. April bis 14. April des nächsten Jahres)

Macher/in mit starkem Mitteilungspotenzial

Sie haben gute Kommunikationsfähigkeiten, die Ihnen aber nicht immer zu Diensten stehen. Menschen schätzen Sie für Ihre ausgewogenen Ratschläge. Sie sind im intellektuellen Bereich sehr aktiv und produktiv und besitzen vielleicht auch Talent fürs Schreiben, Lehren und Vortragen. Selten gelingt es Ihnen jedoch, Ihren Geist auf ein Thema zu fokussieren. Er lässt sich nicht eingrenzen, sondern liebt es, sich mit allen möglichen Themen zu beschäftigen, offen für neue Dinge zu sein und sich seine eigene Meinung zu bilden. Sprache ist eines Ihrer mächtigsten Werkzeuge und damit können Sie in Verbindung mit Ihrem ausgeprägten Intellekt Großes leisten.

Sie besitzen ein Talent, immer den einfachsten und direkten Weg herauszufinden, anstatt Dinge unnötig zu komplizieren. Durch Ihr starkes intellektuelles und kommunikatives Talent könnten Sie leicht die Verbindung mit Ihrem emotionalen Innenleben und Ihrer weiblichen Seite verlieren. Ihr Selbstbewusstsein, Ihre Willensstärke und Vitalität sind nicht sehr standhaft und verlässlich. Sie mögen sogar die Neigung zu Minderwertigkeitskomplexen haben. In Ihrer frühen Kindheit und Jugend mag es häufiger Unfälle oder Krankheiten gegeben haben. Sind Sie der Jugend erst einmal entwachsen, können Sie mit einer stark positiven Entwicklungstendenz rechnen. Für Sie gibt es kein Mittelmaß, da Sie immer nach den Extremen streben und im Allgemeinen gerne aufs Ganze gehen.

Aufgabe: Um sich selbst ins Gleichgewicht zu bringen, müssen Sie viel lesen und sich Zeit für sich selbst nehmen, obwohl Sie eher sozial orientiert sind. Konzentrieren Sie sich auf das Wesentliche, hören Sie auf den Rat guter Freunde und beschäftigen Sie sich mit spirituellen Weisheiten. Auch in Beziehungen können Sie Stabilität und Zufriedenheit finden. Sie haben die Fähigkeit, anderen zuzuhören und sie zu verstehen. Seien Sie anderen ein wohlmeinender Freund, den man immer nach einem verlässlichen Rat fragen kann. Auch von Kindern können Sie viel lernen. Richten Sie die Aufmerksamkeit Ihres Intellekts stärker auf Ihr Inneres, und erkunden Sie Ihr eigenes emotionales Leben. Nutzen Sie Ihre starken rhetorischen Fähigkeiten, um Ihre negativen Gefühle zum Ausdruck zu bringen. Überbrücken Sie so die Kluft zwischen Ihrem inneren und äußeren Leben.

Lernen Sie Ihre eigenen Gefühle verstehen und in Wort und Tat zum Ausdruck bringen.

Mittwoch-Nachmittag
im Marsjahr

	Führung	
	Jupiter *Negativ*	
Ruhm	**Reichtum**	**Ideale**
Saturn *Freund*	Mars *Positiv*	Venus *Neutral*
Extreme	**Unbeständigkeit**	**Störung**
Rahu*	Sonne *Neutral*	Mond *Neutral*

Marsjahre

1892 · 1899 · 1906 · 1913 · 1920 · 1927 · 1934 · 1941 · 1948
1955 · 1962 · 1969 · 1976 · 1983 · 1990 · 1997 · 2004 · 2011
(jeweils vom 15. April bis 14. April des nächsten Jahres)

Macher/in mit Hang
zum Unkonventionellen

Sie handeln direkt und entschlossen und wissen im Allgemeinen genau, was Sie wollen. Ihre Pläne verfolgen Sie zielstrebig und können Hindernisse auf diesem Weg leicht beseitigen. Zwar sind Sie kaum zu manipulieren, neigen selbst jedoch dazu, andere Menschen zu beeinflussen. Sie sind sehr mutig und bereit, für die Erfüllung Ihrer ehrgeizigen Pläne große Risiken einzugehen. In Ihrem Beruf mögen Sie von der gesellschaftlichen Norm abweichen und etwas Neues, vielleicht sogar Revolutionäres tun. Ihr Selbstbewusstsein, Ihre Willensstärke und Vitalität sind aber nicht immer gleich stark. Sie haben die Fähigkeit, anderen zuzuhören und sie zu verstehen.

Die Beziehung zu Ihren Eltern mag problematisch sein, und auch emotional werden Sie viele Schwankungen und Störungen erfahren. Investieren Sie Ihre Emotionen in Beziehungen, können Sie Ihre Gefühle stabilisieren, laufen jedoch auch Gefahr, eben diese Beziehungen durch emotionalen Stress wieder zu gefährden. Sie mögen in Ihrer frühen Kindheit und Jugend Unfällen und Krankheiten gegenüber anfällig gewesen sein. Im Erwachsenenalter können Sie jedoch mit einer deutlichen Verbesserung rechnen. Für Sie gibt es kein Mittelmaß. Sie streben nach den Extremen und gehen im Allgemeinen immer aufs Ganze.

Aufgabe: Da Sie ausgesprochen viel Kraft, Mut und Abenteuergeist besitzen, sollten Sie diese Stärken nutzen, um Zufriedenheit zu erlangen. Auch in Ihrem Beruf werden Sie diese Eigenschaften brauchen und damit weit kommen. Disziplin, Organisationstalent und Konzentration auf das Wesentliche sind Ihre weiteren Stärken, die Ihnen zum Erfolg verhelfen. Hören Sie auf den Rat guter Freunde, und beschäftigen Sie sich mit spirituellen Weisheiten.

Zwischen Ihrer enormen Kraft und Motivation, Dinge im Außen zu bewegen, und Ihrer emotionalen Identität besteht aber eine große Kluft, die Sie überwinden müssen, indem Sie Ihre eigene Identität jenseits Ihrer starken Ambitionen und Ihrer inneren Unruhe finden. Hierzu brauchen Sie einfühlsame und phantasievolle Ermutigung von außen, was am effektivsten schon in der Kindheit geschieht. Seien Sie anderen ein wohlmeinender Freund, den man immer um einen verlässlichen Rat bitten kann. Lesen Sie viel Weisheitsliteratur, und nehmen Sie alles mit Humor. Auch von Kindern können sie viel lernen.

*Entdecken Sie Ihre eigene Identität
jenseits äußerer Ambitionen.*

Donnerstag im Marsjahr

	Führung	
	Jupiter*	
Ruhm	**Reichtum**	**Ideale**
Saturn	Mars	Venus
Neutral	*Neutral*	*Neutral*
Extreme	**Unbeständigkeit**	**Störung**
Merkur	Sonne	Mond
Neutral	*Freund*	*Positiv/Feind*

*Louis Pasteur · Sophia Loren · Albert Camus
Edvard Grieg · Paramahansa Yogananda
Roger Moore · Willy Brandt · Heinrich Brüning
Cat Stevens · Catherine Zeta-Jones
Herbert Grönemeyer*

Marsjahre

1892 · 1899 · 1906 · 1913 · 1920 · 1927 · 1934 · 1941 · 1948
1955 · 1962 · 1969 · 1976 · 1983 · 1990 · 1997 · 2004 · 2011
(jeweils vom 15. April bis 14. April des nächsten Jahres)

Macher/in mit geistiger Führungskraft

Ihr Intellekt und Ihre Rationalität herrschen über den emotionalen Bereich Ihrer Persönlichkeit, wodurch Sie eine olympische Kühle an den Tag legen können. Sie können andere Menschen mit Weisheit und Umsicht führen, sind redegewandt, optimistisch und spirituell orientiert. Auch besitzen Sie gute Voraussetzungen, in den Bereichen Bildung oder Recht zu glänzen. Hierbei helfen Ihnen eine ausgeprägte Urteilsgabe und ein starkes Gefühl für Gerechtigkeit. In Ihrem Beruf werden Sie mutig, kämpferisch und dynamisch sein und keine Abenteuer scheuen. Sie brauchen Herausforderungen, um zufrieden zu sein. Auch haben Sie die Kraft, das öffentliche Leben in Ihrer Umgebung mitzugestalten und dort Autorität und Führung zu zeigen.

Ihr Selbstbewusstsein unterliegt aber häufig Schwankungen. Vielleicht haben Sie Stress mit Ihrem Vater und generell Probleme mit Autoritäten. Dabei können Sie viel von ihnen lernen und profitieren.

Sie besitzen ein großes Talent, Ihre Ansichten und Ihr Wissen in Worte zu fassen und anderen mitzuteilen. Zumeist gelingt Ihnen dies mit Humor und Witz. Die Welt nimmt Sie daher als intelligenten Ratgeber und Denker wahr.

Ihre Mutterbeziehung ist problematisch. Auch im emotionalen und mentalen Bereich finden Sie nur schwer eine klare Linie. Ihre Gefühle sind wechselhaft und beeinflussbar. Auch machen Sie sich viele unnötige Sorgen und haben eine Neigung zu Depressionen. Wenn Sie in Ihren Beziehungen Stetigkeit erlangen, wandeln sich auch Ihre negativen Emotionen.

Kunst und Musik sowie Schönheit und Harmonie gehören in den Bereich Ihrer Ideale. Selten erlangen Sie in diesen Bereichen jedoch Zufriedenheit.

Aufgabe: Die Irrationalität der Gefühle stellt für Ihren Intellekt eine Bedrohung dar. Geben Sie Ihren Gefühlen mehr Raum, indem Sie Liebe, Beziehungen und künstlerischen Tätigkeiten mehr Aufmerksamkeit schenken. Ihr Schlüssel zum Erfolg besteht darin, für andere Verantwortung zu übernehmen, Beziehungen zu pflegen und mit innerer Disziplin und Klarheit zu arbeiten. Versuchen Sie, Ihre Gefühle mit Hilfe Ihres ausgeprägten Verstandes in Worte zu fassen und anderen mitzuteilen, um ihnen mehr Gewicht zu geben. Indem Sie selbst für andere Verantwortung übernehmen, sich ständig weiterbilden und harmonische Beziehungen schaffen, können Sie Ihr Selbstbewusstsein stärken. Sie sollten sorgsam abwägen, wo Logik am Platze ist und wo nicht, und versuchen, in Ihrem Kommunikationsverhalten Stetigkeit und mehr Verlässlichkeit zu entwickeln.

Bringen Sie mit Liebe, Kunst und Kreativität Ihren Verstand und Ihre Gefühle in Einklang.

Freitag im Marsjahr

	Führung	
	Jupiter *Neutral*	
Ruhm	**Reichtum**	**Ideale**
Saturn *Negativ/Feind*	Mars *Freund*	Venus*
Extreme	**Unbeständigkeit**	**Störung**
Merkur *Positiv*	Sonne *Neutral*	Mond *Neutral*

*Bill Gates · Steffi Graf · Fidel Castro
Arthur Schopenhauer · Gustav Gründgens
Brigitte Bardot · Timothy Leary · Albert Einstein
Victor Hugo · Erich Fromm · Muhammad Ali*

Marsjahre

1892 · 1899 · 1906 · 1913 · 1920 · 1927 · 1934 · 1941 · 1948
1955 · 1962 · 1969 · 1976 · 1983 · 1990 · 1997 · 2004 · 2011
(jeweils vom 15. April bis 14. April des nächsten Jahres)

Macher/in mit Kreativität und öffentlicher Wirkung

Sie besitzen einen hohen Lebensstandard und mögen im Leben eine wichtige berufliche Stellung erlangen. Sie könnten ein guter Redner sein und eine scharfe Intelligenz besitzen. Doch auch Ihre künstlerische, musische und ästhetische Seite ist hoch entwickelt. Sie besitzen ein großes kreatives Potenzial, ein spontanes Wesen und lieben die Freiheit. Sie sind großzügig, Harmonie liebend und besitzen in Ihrem Denken und Auftreten große Feinheit. Ihre Umgebung gestalten Sie mit künstlerischem Gespür. Wissen, Weisheit und Spiritualität mögen in Ihrem Leben wichtige Antriebe für Ihre persönliche Entwicklung sein.

In Ihrem Handeln sind Sie energisch und wählen wahrscheinlich auch einen Beruf, in dem Sie kämpferisch, dynamisch und mutig auftreten können. Um zufrieden zu sein, brauchen Sie physische Aktivität und Herausforderungen. Nach außen hin wirken Sie jedoch oft festgefahren und zu hart, obwohl dies nicht Ihrem inneren Wesen entspricht. Sie besitzen einen kreativen und spontanen Kern. Diese Seite mögen Sie vor allem in Ihren Träumen, Ihrer eigenen Gedankenwelt und in Ihren Beziehungen ausleben, die leidenschaftlich und gefühlsbetont sein mögen. Somit ist es eine Ihrer wichtigsten Aufgaben, Ihre innere Kreativität und äußere Härte miteinander zu verbinden. Sie gelten als harter Arbeiter und Traditionalist. Kommunikation und Selbstdarstellung sind nicht Ihre Stärken. Sie können äußerst redegewandt auftreten und sich im nächsten Moment in tiefes Schweigen hüllen. Auch Ihr Selbstbewusstsein, Ihre Willensstärke und Ihre Vitalität sind häufigen Schwankungen unterworfen. Möglicherweise ist die Beziehung zu Ihren Eltern nicht besonders gut. Darunter leidet häufig auch Ihre emotionale Verfassung.

Aufgabe: Je mehr Sie die Schönheit und Harmonie Ihrer Umgebung spontan wertzuschätzen lernen, desto mehr können Sie die Trennung zwischen Ihrer rationalen und Ihrer emotionalen Seite überwinden. Ihre Tendenz zu persönlicher Isolation können Sie ebenfalls überwinden, indem Sie jeder einzelnen Begegnung in Ihrem Leben die entsprechende Aufmerksamkeit schenken. Sie erlangen Zufriedenheit, indem Sie sich körperlich betätigen, Herausforderungen meistern und das Leben intensiv gestalten. Wichtig ist, dass Sie sich viel Zeit für Ihre Beziehungen nehmen, sich Wissen und Weisheit aneignen, so viel wie möglich lernen und anderen Menschen mit Rat und Tat zur Seite stehen, ebenso wie Sie sich um den Rat guter Freunde oder Lehrer bemühen sollten.

Um Ihre innere Kreativität und Ihre äußere konservative und strukturierte Art miteinander in Einklang zu bringen, sollten Sie konkrete praktische Projekte angehen, die Schönheit, Kunst und Lebensfreude in den praktischen Alltag integrieren. Je praktischer und gegenständlicher sich Ihre Kreativität äußert, desto leichter fügt sie sich in Ihr strukturiertes äußeres Auftreten ein.

Geben Sie sozialen Begegnungen und kulturellen Kontakten einen höheren Stellenwert in Ihrem Leben.

Samstag im Marsjahr

	Führung	
	Jupiter *Neutral*	
Ruhm	**Reichtum**	**Ideale**
Saturn*	Mars *Neutral*	Venus *Negativ/Feind*
Extreme	**Unbeständigkeit**	**Störung**
Merkur *Neutral*	Sonne *Positiv*	Mond *Neutral*

Menachem Begin · Ulrike Meinhof
Klaus Mann · Edmund Stoiber · Bob Dylan
Gary Kasparow · Abraham Lincoln
General Franco · Charles Darwin

Marsjahre

1892 · 1899 · 1906 · 1913 · 1920 · 1927 · 1934 · 1941 · 1948
1955 · 1962 · 1969 · 1976 · 1983 · 1990 · 1997 · 2004 · 2011
(jeweils vom 15. April bis 14. April des nächsten Jahres)

Macher/in mit kompromisslosem Willen

Sie nehmen Ihr Schicksal selbst in die Hand und sind äußerst selbstständig. Sie sind gebildet, mutig, ehrgeizig und vielleicht sogar weise. Sie mögen Bekanntheit erlangen und werden von den Menschen geachtet. Andere sehen Sie als fleißigen, disziplinierten Menschen, dem eine gewisse Nüchternheit und Härte eigen ist. Sie schätzen Wissen, Weisheit und eine gute Ausbildung. Sie behandeln Menschen gerecht und können sie daher gut führen und motivieren. Ihr Beruf mag mit Technik oder Forschung zu tun haben und viel physische Energie erfordern.

Obwohl Sie den schönen, künstlerischen und musischen Aspekt des Lebens und die Menschen, die ihn verkörpern, schätzen, finden Sie selbst nur schwer Zugang dazu, denn Sie sind eher streng und hart mit sich selbst und anderen. Für Sie ist das ganze Leben Arbeit. Sie sehen jede Situation als Arbeitsaufgabe und jeden Ort als Arbeitsplatz an. Ihre Karriere ist Ihnen am wichtigsten und Sie setzen sich klare berufliche Ziele. Auch verfolgen Sie einen eindeutigen Lebensplan, den Sie mit großer Entschlossenheit und Kampfgeist umsetzen.

Ihr Selbstbewusstsein ist zwar ausgeprägt, jedoch ebenso wie der emotionale Bereich ständigen Schwankungen unterworfen. Beziehungen erfahren Sie immer wieder als Quelle von Enttäuschungen, und sie enden häufig mit Trennungen und Frustrationen. Dadurch kann Ihre an sich schon wechselhafte Gemütsverfassung sehr belastet werden. Sie mögen daher hin und wieder zu Depressionen neigen.

Aufgabe: Sie konzentrieren sich auf das Wesentliche und lassen aus Ihrer Sicht überflüssigen Gefühlen keinen Raum. Wenn überhaupt, können Sie Ihre Gefühle nur sehr vertrauten Freunden offenbaren. Daraus mag eine emotionale Isolation entstehen, was sich nur durch mehr Offenheit und Engagement in der sozialen Welt auflösen lässt. Übernehmen Sie für andere Verantwortung, indem Sie ihnen immer mit Rat und Tat zur Seite stehen. Ein Beruf, der dem Allgemeinwohl und den Menschen dient, erlaubt Ihnen, Ihre Energie optimal einzusetzen. Sie können z.B. als Berater, Lehrer, Politiker oder Sozialarbeiter tätig werden.

In den Bereichen Logik, Kommunikation und Humor gehen Sie in die Extreme: Entweder Sie kommunizieren den ganzen Tag oder Sie schotten sich völlig ab. Auch fällt es Ihnen schwer, den rechten Ausgleich zwischen Logik, analytischem Verstehen und Intuition beziehungsweise gefühlsmäßigem

Verstehen zu finden. Hieran müssen Sie arbeiten. Auch hierfür ist die offene Kommunikation Ihrer Gefühle wichtig.

Begegnen Sie emotionaler Isolation mit engagiertem Handeln für das Allgemeinwohl.

Die Merkur-Familie

	Führung	
	Venus	
Ruhm	**Reichtum**	**Ideale**
Sonne	Merkur	Saturn
Extreme	**Unbeständigkeit**	**Störung**
Jupiter	Mond	Mars

Merkurjahre

1893 · 1900 · 1907 · 1914 · 1921 · 1928 · 1935 · 1942 · 1949
1956 · 1963 · 1970 · 1977 · 1984 · 1991 · 1998 · 2005 · 2012
(jeweils vom 15. April bis 14. April des nächsten Jahres)

Sie gehören der Familie mit Merkur im Haus des Reichtums an. Merkur steht für Kommunikation, Intellekt, Reisen, Beweglichkeit, Flexibilität und Humor. Er sammelt gerne Informationen und Eindrücke aus erster Hand und hat eine große Begabung, Eindrücke und Informationen in Worte zu fassen und zu kommunizieren. Merkur stellt die Schlüsselenergie Ihres Horoskops dar. Wenn Sie seine Energie nutzen, so macht er Sie zu einem Denker und Vermittler, der innere Zufriedenheit daraus zieht, die Welt zu beobachten, Eindrücke aufzunehmen, sie zu verstehen und dann anderen zu vermitteln. Um zufrieden zu werden, müssen Sie daher viel lesen, viele Menschen treffen und ein hohes Kommunikationsniveau aufrechterhalten. Sie haben auch Freude an Mathematik, Astrologie, der Arbeit mit Computern oder anderen logischen und intellektuellen Tätigkeiten. Wenn Sie sich anderen mitteilen können, erfahren Sie ebenfalls Zufriedenheit. Es geschieht Ihnen jedoch immer wieder, dass Sie Ihre Gedanken nicht kommunizieren können, da Ihr Ego einen freien Austausch mit der Umgebung blockiert. Es ist mehr an Selbstdarstellung interessiert als an einem freien und offenen Austausch. Sie mögen zu stark von Ihrer eigenen Position eingenommen sein, als dass Sie sich in den Standpunkt der anderen hineinversetzen könnten.

Nichtsdestoweniger lieben Sie es zu reisen, um interessante Informationen und Eindrücke zu sammeln. Sie sind humorvoll und haben eine große Wertschätzung für alles Intellektuelle.

Auf andere Menschen wirken Sie im Allgemeinen angenehm, da Sie mit Venus, Merkur und Mond in der mittleren Achse Ihres MaHaBote-Horoskops durch Schönheit (Venus), Intelligenz (Merkur) und

Liebe (Mond) geprägt werden. Diese Energien fließen in Ihrem Leben harmonisch zusammen und prägen Ihr Bewusstsein, wenn Sie nicht zu sehr mit der äußeren Welt kämpfen oder mit sich selbst beschäftigt sind. Schwierigkeiten mag es mit diesen drei Energien in Ihrem Leben vor allem dadurch geben, dass Sie sich in einem ständigen Wandel befinden.

Die Platzierung der Venus im Haus der Führung verleiht Ihnen ein spontanes, kreatives Wesen, das sich von der Schönheit des Augenblicks in Bann schlagen lässt und auf teilweise sprunghafte oder chaotische Weise mit den vorhandenen Energien spielt. Sie möchten Schönheit, Harmonie und Freude verbreiten und die Aufmerksamkeit auf diese Qualitäten in sich selbst richten. Sie mögen viel dafür tun, als Vermittler dieser Qualitäten anerkannt und wahrgenommen zu werden. Hierbei zeigen Sie jedoch immer Stil und Feinheit, Eigenschaften, die Sie neben einem ausgeprägten Gefühl für Ästhetik von innen her leiten. Sie belohnen die Ihnen geschenkte Aufmerksamkeit zumeist mit etwas sehr Wertvollem.

Mit Merkur im Haus des Reichtums wird Ihr Streben nach innerer Zufriedenheit durch ein intensives Interesse an neuen Eindrücken und Informationen bewegt. Der Wunsch, neue Zusammenhänge zu entdecken und Neugierde lassen Sie nicht zur Ruhe kommen. Solange Sie nicht diesen Impulsen folgen, können Sie keine wirkliche innere Zufriedenheit finden.

Mit Ihrem Mond im Haus der Unbeständigkeit sind auch Ihre Emotionen ständigen Schwankungen unterworfen. Ihre Stimmungen verändern sich oft, wobei Sie eine Tendenz zu negativen Gefühlen haben. Sie mögen häufig selbst auf neutrale Eindrücke von außen aufgebracht reagieren. Durch die Stellung des Mondes im Haus der Unbeständigkeit ignorieren Sie gerne Ihre eigenen Gefühle, bis es nicht mehr weitergeht.

Obwohl Sie von anderen für Ihre innere Beweglichkeit sehr geschätzt werden, sehnen Sie sich selbst nach innerer Stabilität und Stetigkeit.

Sind Sie in Ihrer Mitte, so sind Ihre wichtigsten Tätigkeiten in dieser Welt der Gebrauch der Intelligenz, des Gedächtnisses, der Sprache und jeder Form von Kommunikation, um das tägliche Leben beobachten und verstehen zu können. Sie wertschätzen Wissen um seiner selbst willen und sind bereit, viel für direkte Erfahrungen zu investieren. Sie lieben es, als Vermittler, Botschafter oder Grenzgänger zu wirken. Mit Witz und Humor verwickeln Sie sich gerne in Debatten und Argumente, um Ihre Weltsicht weiterzugeben.

Mit Sonne im Haus des Ruhmes zeigen Sie der Welt gerne Ihr wahres Selbst. Sie erscheinen anderen als natürliche Autorität. Es fällt Ihnen jedoch schwer, eine klare Grenze zwischen sich und anderen zu ziehen. Anstatt Ihre eigenen Probleme zu lösen, arbeiten Sie lieber an den gleichen Schwachstellen bei anderen. Häufig bedarf es harter Lektionen, bevor Sie Ihre Aufmerksamkeit auf sich selbst zurücklenken.

Obwohl Disziplin, das Schaffen von Strukturen und Verantwortungsbewusstsein (Saturn im Haus der Ideale) zu Ihren Stärken gehören, nehmen Sie sich selbst häufig als jemand wahr, dem es an innerer Struktur und Klarheit mangelt, und sehen sich mit starken Begrenzungen konfrontiert, wenn Sie sich mit sich selbst beschäftigen. In Bezug auf Ihr Inneres nehmen Sie sich als harten Arbeiter wahr, der unter schwierigsten Umständen große Dinge zu leisten hat. Um zu Ihrem eigenen Inneren zu gelangen, müssen Sie eine harte Schale durchbrechen.

Mars, der zweite Planet in Ihren inneren Häusern, geht konform mit Saturn in Hinblick auf innere Disziplin, Durchhaltevermögen und dessen praktische Herangehensweise ans Leben. Seine Platzierung im Haus der Störung mag jedoch dazu führen, dass Sie manchmal zu schnell und manchmal zu langsam arbeiten, dass Ihre Eigenmotivation starken Schwankungen unterliegt und dass Sie von anderen und sich selbst als faul und untätig wahrgenommen werden. Sie mögen in der Sexualität großen Konflikten begegnen, da Sie Ihre negativen Gefühle in diesen Bereich projizieren. Für Sie ist eine feste Beziehung sehr wichtig, um auf der Grundlage eines klaren Lebensplanes und eines hohen moralischen Anspruches Stetigkeit und Klarheit in Ihrem sexuellen und emotionalen Leben zu finden.

Sonntag im Merkurjahr

	Führung	
	Venus *Neutral*	
Ruhm	**Reichtum**	**Ideale**
Sonne*	**Merkur** *Negativ*	**Saturn** *Positiv*
Extreme	**Unbeständigkeit**	**Störung**
Jupiter *Freund*	**Mond** *Neutral*	**Mars** *Feind*

Woody Allen · David Copperfield
Osama Bin Laden · Norbert Blüm · Götz George

Merkurjahre

1893 · 1900 · 1907 · 1914 · 1921 · 1928 · 1935 · 1942 · 1949
1956 · 1963 · 1970 · 1977 · 1984 · 1991 · 1998 · 2005 · 2012
(jeweils vom 15. April bis 14. April des nächsten Jahres)

Denker/in mit starkem Weltbezug

Sie besitzen Selbstbewusstsein und Willensstärke und können in Ihrem Kreis Menschen führen. Auch haben Sie ein ausgeprägtes individuelles Wesen. Sie nehmen Ihr Schicksal selbst in die Hand und sind äußerst selbstständig. Sie sind gebildet, mutig, ehrgeizig und können berühmt und/oder weise werden. Sie werden von anderen als Autorität gesehen und akzeptiert. Die Welt nehmen Sie vor allem in den Kategorien „Macht" und „Einfluss" wahr und haben das starke Bedürfnis, andere mit Ihrer Herangehensweise zu beeindrucken. Missglückt Ihnen das, mögen Sie sich weigern, sich weiter zu beteiligen. Sie lieben es, Verantwortung zu tragen und können nach außen hin große Stärke zeigen.

Sie verhalten sich der Welt und anderen Menschen in Ihrer Nähe gegenüber, als wären diese ein Teil Ihrer selbst. Daher neigen Sie dazu, Ihre Umgebung in Ihrem Sinne zu manipulieren. Sie versuchen in erster Linie das Außen zu verändern, während Sie eigentlich an Ihren eigenen Schwächen arbeiten sollten. Sie identifizieren Ihr eigenes Schicksal mit dem Ihrer Umgebung und umgekehrt.

Die größten Schwierigkeiten mögen Sie mit Ihrer Vitalität oder Motivation haben, die ebenso wie Ihre Gesundheit häufigen Schwankungen unterliegen dürften. Aggressivität, Zorn, Konflikte und sexuelle Spannungen mögen in Ihrem Leben immer wieder Störungen herbeiführen. Ihre Sexualität und Ihre eigene männliche Seite mögen unterbewussten Zwängen unterliegen. Es mag Ihnen schwer fallen, in einer Beziehung Ihren Partner als gleichberechtigt anzuerkennen. Ihr Vater könnte in Ihrem Leben eine dominante Rolle spielen, was es Ihnen erschweren mag, sich aus seinem Schatten zu lösen.

Sie könnten in Ihrem moralischen Standard, an dem Sie Ihre Umwelt messen, extrem sein. Auch wird es in Ihrem Leben immer wieder Phasen geben, in denen Sie sich intensivst mit Ausbildung und der Aneignung von Wissen beschäftigen. Sie können sich jedoch ebenso konsequent wieder davon abwenden und etwas ganz anderes machen.

Um wirkliche Zufriedenheit zu erlangen, brauchen Sie tiefe Gespräche und anregende Kommunikation. Sie müssen in der Lage sein, Ihre Gedanken, Emotionen und Wünsche in Worte zu fassen und anderen mitzuteilen. Doch gerade bei diesem Bemühen mag es immer wieder zu Schwierigkeiten und Konflikten kommen, da Ihre dominante Natur und Ihr bestimmendes Wesen die Kommunikation erschweren.

Sie haben die Fähigkeit, Dinge schön, klar und harmonisch zu gestalten. Ihre erste Reaktion auf Ihre

Umwelt ist die der Wertschätzung des Schönen und Harmonischen. Im künstlerischen und kreativen Bereich liegen Ihre verborgenen Stärken.

Aufgabe: Harmonie und Schönheit, Kunst und Musik sind Ihre großen Wohltäter. Daher sollten Sie sich diesen Gebieten ausgiebig widmen. Es dient Ihnen auch, wenn Sie sich anderen Menschen gegenüber großzügig und wohlwollend verhalten. Lernen Sie, gegensätzliche Energien zu verbinden und in Ihrem Inneren das männliche und weibliche Prinzip miteinander in Einklang zu bringen. Ebenso wichtig ist es für Sie, sich Wissen und Weisheit anzueignen und ein klares Urteilsvermögen für Recht und Unrecht zu bewahren. Da Sie sich nicht immer auf Ihre logischen Urteile und intellektuellen Analysen verlassen können, müssen Sie diese durch Ihre Intuition stützen und den Rat guter Freunde und kompetenter Personen einholen. Um zufrieden zu sein, brauchen Sie viel Zeit für sich selbst und sollten viel lesen.

Erkennen Sie Ihre eigene Identität
unabhängig von der Welt.

Montag im Merkurjahr

	Führung	
	Venus *Neutral*	
Ruhm	**Reichtum**	**Ideale**
Sonne *Neutral*	**Merkur** *Freund*	**Saturn** *Neutral*
Extreme	**Unbeständigkeit**	**Störung**
Jupiter *Positiv/Feind*	**Mond***	**Mars** *Negativ*

John Glenn · Tom Hanks
Falco · Johannes Kepler

Merkurjahre

1893 · 1900 · 1907 · 1914 · 1921 · 1928 · 1935 · 1942 · 1949
1956 · 1963 · 1970 · 1977 · 1984 · 1991 · 1998 · 2005 · 2012
(jeweils vom 15. April bis 14. April des nächsten Jahres)

Denker/in und Vermittler/in
mit Herz

Sie besitzen ein emotionales Wesen und die Neigung, emotional durch Höhen und Tiefen hindurchzugehen. Kommunikation und geistige Offenheit nach allen Seiten sind für Sie sehr wichtig. Sie hören sich gerne die Meinungen vieler Menschen an und beziehen diese in Ihre Urteile mit ein. Sie haben Humor und besitzen ein gutes Verhältnis zu Kindern. Um zufrieden zu sein, brauchen Sie tiefe Gespräche, soziale Kontakte, genügend Zeit für sich selbst und zum Lesen.

Sie möchten Ihre Kreativität und Intuitionen gerne in Worte fassen und anderen mitteilen. Die äußere Realität mit ihren Machtspielen und Manipulationen gestattet es Ihnen jedoch nur selten, Ihr Inneres zu kommunizieren. Häufig empfinden Sie die äußere Wirklichkeit auch als abweisend und unpersönlich. Dann könnten Sie bestrebt sein, Ihre Gefühle rational zu verpacken und intellektuell zu begründen, was Ihnen jedoch gar nicht entspricht.

Sie besitzen eine ausgeprägte Intuition, die Sie jedoch auch leicht auf den falschen Weg führen kann. Daher sollten Sie immer Ihren besten Freund, das

Unterscheidungsvermögen und die analytische Intelligenz, zu Rate ziehen und zwischen Fühlen und Verstehen abwägen.

Große Unterstützung erhalten Sie durch Frauen und Ihre eigene weibliche Seite. Das Schöne, Harmonische und Künstlerische inspirieren und motivieren Sie am meisten. In Beziehungen liegt eine Ihrer großen Stärken. Hier schlummern Ihre größten Talente, über die Sie sich wahrscheinlich nicht einmal bewusst sind, da sie Ihnen schon allzu natürlich vorkommen.

Ihre größten Schwierigkeiten mögen Sie mit Ihrer Energie, Vitalität oder der Motivation haben, die häufigen Schwankungen unterliegen. Aggressivität, Zorn, Konflikte und sexuelle Spannungen mögen in Ihrem Leben immer wieder Störungen herbeiführen. Ihr Leben ist ständig in Bewegung. Es fällt Ihnen schwer, zur Ruhe zu kommen. Auch Ihre Gesundheit und Ihr Wohlbefinden mögen wechselhaft sein.

Aufgabe: Der Schlüssel zur Überwindung Ihrer Probleme besteht in einer starken Betonung Ihrer weiblichen Seite. Diese umfasst die Beziehungen, das Schaffen von Harmonie und Schönheit, Kunst, Musik und Religion. Es ist wichtig für Sie, Ihre herzliche und lebhafte Gefühlswelt Ihrer eher kopflastig und gefühlskalt erscheinenden Außenwelt mitzuteilen. Das wird Ihnen nur dann gelingen, wenn Sie stärker zu Ihrer intuitiven und emotionalen Natur stehen und auch bereit sind, sie zu zeigen. Versuchen Sie, Ihre Gefühle so darzustellen, wie sie sind, ohne den rationalen Filter. Gleichzeitig sollten Sie einen offenen Austausch über philosophische Weltanschauungen führen. Versuchen Sie die Weltsicht anderer zu verstehen und emotional nachzuempfinden.

Lernen Sie, Ihre lebhaften Gefühle einer eher nüchternen und sachlichen Außenwelt mitzuteilen.

Dienstag im Merkurjahr

	Führung	
	Venus *Freund*	
Ruhm	**Reichtum**	**Ideale**
Sonne *Feind*	**Merkur** *Neutral*	**Saturn** *Neutral*
Extreme	**Unbeständigkeit**	**Störung**
Jupiter *Neutral*	**Mond** *Negativ*	**Mars***

Janis Joplin · Friedrich Nietzsche · Bo Derek
Martin Luther King · Claudia Schiffer
Bobby Fischer · Sri Ramana Maharshi · Brad Pitt
Jane Russel · George Michael · Mao Tse-tung

Merkurjahre

1893 · 1900 · 1907 · 1914 · 1921 · 1928 · 1935 · 1942 · 1949
1956 · 1963 · 1970 · 1977 · 1984 · 1991 · 1998 · 2005 · 2012
(jeweils vom 15. April bis 14. April des nächsten Jahres)

Denker/in und Vermittler/in mit Tatkraft

Sie besitzen ein energisches, kämpferisches und mutiges Wesen, haben jedoch mit vielfachen Schwankungen Ihrer physischen und mentalen Energie zu kämpfen. Beruflich mögen Ihnen Kommunikation, Schreiben, Vortragen, Computerarbeit und Ähnliches liegen. Sie haben das Zeug, andere Menschen einfühlsam zu führen, werden aber immer wieder Missverständnissen begegnen, da Menschen Sie als allzu autoritär wahrnehmen.

Obgleich Sie zunächst neue Impulse mit Leichtigkeit und Wertschätzung aufnehmen, besitzen Sie eine innere Ernsthaftigkeit, die Spiel durch Arbeit, Komödie durch Drama, Spontaneität durch Struktur und Freiheit durch Pflicht ersetzen möchte. Sie und andere mögen diesen Widerspruch an Ihnen erleben, was besonders für die Sexualität gilt: Nach außen hin mögen Sie sexuell sehr offen und verspielt wirken, während Sie in der Partnerschaft auf einen sehr verantwortlichen Umgang damit bedacht sind. Sie mögen Probleme mit Männern oder Ihrer eigenen männlichen Seite haben, in der Sexualität immer wieder auf Konflikte stoßen und mit einem schwankenden Motivationspegel zu kämpfen haben. Es kann auch sein, dass Sie in der Kindheit häufig umgezogen sind, Krankheiten erdulden mussten und das Gefühl der Heimatlosigkeit hatten.

Nach außen mögen Sie als egoistisch oder autoritär wahrgenommen werden, was Ihrem wahren Wesen jedoch nicht entspricht. Im Gegenzug mögen Sie Probleme haben mit Autoritätsansprüchen, die von außen an Sie herangetragen werden. Hierauf mögen Sie unüberlegt, impulsiv oder ablehnend reagieren.

Aufgabe: Sie sollten sich vor allem Ihrer musischen und künstlerischen Talente bewusst werden und diese gezielt einsetzen, um Ihre starken Energien zu stabilisieren und richtig auszurichten. Ihre Stärke liegt in Beziehungen und der harmonischen Gestaltung Ihrer Umgebung. Geben Sie der kreativen und spontanen Seite des Lebens mehr Raum und Zeit. Hierdurch kommen Sie vor allem zu einem harmonischeren Verhältnis zwischen Liebe, Partnerschaft und Sexualität.

Versuchen Sie Ihre Emotionen zu verstehen und in Worte zu fassen, um sie dann Ihren Freunden oder Ihrem Lebenspartner mitzuteilen. Dann wird es Ihnen auch leichter fallen, sich selbst zu verstehen und eventuelle Depressionen und Gemütsverstimmungen zu überwinden. Sie sollten Ihr Selbstbewusstsein stärken, indem Sie sich spirituelles Wissen und Weisheit aneignen und immer von Menschen

Ihres Vertrauens Rat einholen. Sie sollten sich viel Zeit für sich selbst nehmen und diese auch nutzen, um zu lesen und tiefe Gespräche zu führen. Auch Kinder werden zu Ihrer Zufriedenheit beitragen.

Je mehr Sie Ihr eigenes Bewusstsein, Ihre innere Motivation und Ihre physischen und psychischen Energien in eine klare innere Struktur und Ordnung bringen, desto eher können Sie den Konflikt zwischen Ihren dynamischen persönlichen Energien und Autoritätsansprüchen aus Ihrer Umgebung lösen.

Helfen Sie, mit Kraft und Energie die Welt kreativ und harmonisch zu gestalten.

Mittwoch-Vormittag
im Merkurjahr

	Führung	
	Venus *Positiv*	
Ruhm	**Reichtum**	**Ideale**
Sonne *Negativ*	**Merkur***	**Saturn** *Neutral*
Extreme	**Unbeständigkeit**	**Störung**
Jupiter *Neutral*	**Mond** *Freund*	**Mars** *Neutral*

Caroline von Monaco

Merkurjahre

1893 · 1900 · 1907 · 1914 · 1921 · 1928 · 1935 · 1942 · 1949
1956 · 1963 · 1970 · 1977 · 1984 · 1991 · 1998 · 2005 · 2012
(jeweils vom 15. April bis 14. April des nächsten Jahres)

Naturtalent im Verhandeln und Vermitteln

Ihre erste Reaktion auf die Ereignisse der Welt geschieht durch Ihre kreative, spontane und verspielte Natur. Sie werden dabei von Ihrem Sinn für das Schöne und Harmonische und dem Wunsch, Ihre Umwelt ästhetisch zu gestalten, geleitet. Auch Beziehungen und Liebe motivieren Sie stark. Auf intellektuellem Gebiet sind Sie sehr aktiv und produktiv und besitzen Talent fürs Schreiben, Lehren und Vortragen. Sie mögen auf mehr als einem Gebiet Karriere machen und sich mit vielen verschiedenen Themen philosophischer oder spiritueller Art beschäftigen. Sie sind großzügig und religiös oder spirituell veranlagt. Sie mögen als Pädagoge oder Ähnlichem erfolgreich mit Kindern arbeiten. Sie besitzen gute Kommunikationsfähigkeiten. Sie übernehmen für Ihre eigenen Aktivitäten die volle Verantwortung und bewundern und respektieren jene Menschen, die das auch tun.

Sie sind extrem begierig zu lernen und können viel Energie in Ihre Ausbildung investieren. Ebenso drastisch mögen Sie den gleichen Bereich jedoch wieder verlassen und für eine Zeit lang völlig vernachlässigen. In Beziehung zum Lernen finden Sie

auf diese Weise nur schwerlich den goldenen Mittelweg.

Sie fühlen sich sehr zu Harmonie und Frieden hingezogen. Sie legen Wert auf Ihr attraktives Erschei-
nungsbild. Wahrscheinlich besitzen Sie künstlerische
oder musische Talente, über die Sie sich selbst gar
nicht so bewusst sind. Es ist das Schöne, Angenehme
und Feine, das Sie begeistert, und in diesem Bereich
liegen Ihre wahren Schätze.

In Ihrem Inneren steht dem jedoch ein hohes Ideal
von Ordnung, Struktur, Ernsthaftigkeit und Planung
gegenüber, das der Entfaltung Ihrer kreativen Natur
enge Grenzen setzt. In der Sexualität, die in einer
tiefen Beziehung geschieht, mögen Sie nach der Ver-
söhnung dieser beiden Pole Ihres Bewusstseins streben. Auf diese Weise können Sie auch negative Projektionen und Gefühle überwinden, die Sie mit
Sexualität verbinden.

Sie haben sich im Leben alles selbst hart erarbeitet,
auch wenn andere glauben mögen, dass Ihnen Dinge
einfach zufallen. Menschen nehmen Sie überhaupt
häufig anders wahr, als Sie wirklich sind. Man schätzt
Sie aber in der Regel für Ihre ausgewogenen Ratschläge. Ihre Kommunikationsfähigkeit mag nur dann leiden, wenn andere Ihnen gegenüber zu autoritär oder
selbstherrlich auftreten und wenn Ihnen Ihre Offenheit und Flexibilität als Schwäche ausgelegt werden.
Treten Sie in solchen Situationen als weiser Philosoph
auf, der die Welt objektiv versteht und einen klaren

Plan fürs Leben hat, so können Sie auch solche herausfordernden Autoritäten für sich gewinnen.

Aufgabe: Obgleich Sie emotional nicht sehr ausgeglichen sind und vor allem durch Bemerkungen anderer leicht aus der Fassung geraten, können Sie durch Ihre Offenheit und Leichtigkeit im Umgang mit anderen, vor allem in Ihren Beziehungen, immer leicht zu einem emotionalen Ausgleich kommen. Um innerlich ausgeglichen zu sein, müssen Sie sich Zeit für sich selbst nehmen und viel lesen. Sie brauchen genügend Schlaf und eine ausgewogene Ernährung, um Ihre Gesundheit zu erhalten, da Sie sehr sensibel sind und unter negativen Einflüssen stark leiden.

Ihre Stärke liegt darin, Ihre kreativ-sinnlichen und emotional-intuitiven Energien auf spielerische Weise zusammenfließen zu lassen. Teilen Sie diesen inneren Reichtum mit anderen, so werden Sie selbst große Zufriedenheit erlangen.

Ihre negativen Emotionen in Bezug auf Sexualität können Sie durch den verantwortungsbewussten Umgang mit der Sexualität in einer erfüllten festen Partnerschaft überwinden.

Mit Spontaneität, Offenheit und Wertschätzung für das Schöne gewinnen Sie die Welt für sich.

Mittwoch-Nachmittag
im Merkurjahr

	Führung	
	Venus *Neutral*	
Ruhm	**Reichtum**	**Ideale**
Sonne *Neutral*	Rahu*	Saturn *Freund*
Extreme	**Unbeständigkeit**	**Störung**
Jupiter *Negativ*	Mond *Neutral*	Mars *Positiv*

Enrico Caruso · Björn Borg · Meryl Streep
Sri Aurobindo · George Harrison

Merkurjahre

1893 · 1900 · 1907 · 1914 · 1921 · 1928 · 1935 · 1942 · 1949
1956 · 1963 · 1970 · 1977 · 1984 · 1991 · 1998 · 2005 · 2012
(jeweils vom 15. April bis 14. April des nächsten Jahres)

Denker/in mit dem Drang, die Welt zu verändern

Sie verfolgen Ihre Ziele im Leben mit großer Entschlossenheit und lassen sich von anderen kaum beeinflussen. Sie sind direkt, mutig und abenteuerlustig. Häufig trauen Sie sich Dinge, die andere strikt vermeiden würden. Sie wissen immer, was zu tun ist, und haben klare Pläne. Sie erfahren Zufriedenheit, wenn Sie überkommene Denkweisen und Verhaltensmuster verwerfen und neue Wege beschreiten können. Hierfür stehen Ihnen starke Energien und ein klar strukturiertes Denken zur Verfügung. Um zu erneuern und in Frage zu stellen, bedienen Sie sich hauptsächlich der Sprache und der Kommunikation. Auch Logik und Argumente stehen Ihnen hilfreich zur Seite.

Sie sind intellektuell sehr aktiv und produktiv und besitzen Talent fürs Schreiben, Lehren und Vortragen. Sie mögen mehr als eine Laufbahn absolvieren und sich mit vielen verschiedenen Themen philosophischer oder spiritueller Art beschäftigen. Obwohl Sie äußerst lernbegierig sind, halten Sie doch selten einen vorgeschriebenen Ausbildungsweg ganz durch. Sie ziehen es vor, durch Ihre eigenen Erfahrungen zu lernen.

Sie nehmen Ihre Umgebung mit den Augen eines Künstlers wahr, haben große Wertschätzung für das Schöne und Feine und besitzen ein Talent, Ihre Umgebung harmonisch und ansprechend zu gestalten. In Ihnen mögen musische und künstlerische Talente schlummern, über die Sie sich nicht ausreichend bewusst sind. Sie achten auf Ihre äußere Erscheinung und mögen auch andere Menschen nach dem Äußeren beurteilen.

Sie leiden vor allem unter Ihrem ständigen Drang, die äußeren Umstände verändern und verbessern und auch das Denken in neue ungewöhnliche Bahnen lenken zu wollen. Sie haben die starke Neigung, Ihre neuen Gedanken in Worte zu fassen und anderen zu kommunizieren. Ihr Inneres besitzt eine enorme Kraft, das Äußere zu bestimmen. Ungeduld und Unnachgiebigkeit mögen Sie dabei begleiten.

Beziehungen stellen einen ganz wichtigen Faktor in Ihrem Leben dar. Emotional sind Sie aber nicht sehr ausgeglichen und mögen vor allem durch Bemerkungen anderer leicht aus der Fassung geraten. Sie streben eine strukturierte, disziplinierte Herangehensweise ans Leben an, stoßen hierbei jedoch immer wieder an Ihre eigenen Grenzen. Nach außen hin wirken Sie königlich und können Autorität und Einfluss manifestieren. Die Welt erscheint Ihnen als ein Spiel um Macht.

Die Beziehung zu Ihrer Mutter mag unbeständig sein, und auch Ihre Emotionen mögen sich in einem häufigen Auf und Ab befinden. Ihr Vater mag in Ihrem Leben eine wichtige Rolle spielen.

Aufgabe: Bringen Sie Ihren Verstand dazu, auf Ihr Herz zuzugehen, und hüten Sie sich davor, Ihre Gefühle allzu sehr zu rationalisieren und zu bewerten. Ihre Emotionen haben kaum eine Chance sich auszudrücken und bedürfen daher der besonderen Aufmerksamkeit. Entwickeln Sie auch Ihre Sensibilität für die Bedürfnisse anderer. Mehr Rücksicht und eine fürsorgliche Natur helfen Ihnen, auch Ihre eigenen Gefühle besser zu verstehen und zu respektieren.

Sie können Ihr Selbstbewusstsein und Ihre Autorität festigen, indem Sie stets gut vorausplanen und nach hoch stehenden moralischen Grundsätzen handeln. Sie brauchen hierzu wahrscheinlich gute Ratgeber, die sich jedoch nicht immer als verlässlich erweisen. Damit Sie innerlich ausgeglichen sind, müssen Sie sich Zeit für sich selbst nehmen und viel lesen. Überwinden Sie Gefühle der Isolation, indem Sie für andere Verantwortung übernehmen und sich stets als verlässlichen Freund und Helfer anbieten.

Verbinden Sie Macht und Autorität mit Weisheit und Weitsicht.

Donnerstag im Merkurjahr

	Führung	
	Venus *Neutral*	
Ruhm	**Reichtum**	**Ideale**
Sonne *Freund*	**Merkur** *Neutral*	**Saturn** *Neutral*
Extreme	**Unbeständigkeit**	**Störung**
Jupiter*	**Mond** *Positiv/Feind*	**Mars** *Neutral*

Naomi Campbell · Linus Pauling
Paul McCartney · Prinzessin Victoria von Schweden
Barbara Streisand · Charles Bronson
Frédéric Chopin · Louis de Funès
Jörg Haider · Matt Damon

Merkurjahre

1893 · 1900 · 1907 · 1914 · 1921 · 1928 · 1935 · 1942 · 1949
1956 · 1963 · 1970 · 1977 · 1984 · 1991 · 1998 · 2005 · 2012
(jeweils vom 15. April bis 14. April des nächsten Jahres)

Vermittler/in und Denker/in mit Selbstbewusstsein

Durch die Verbindung von Autorität und Urteilskraft beeindrucken und überzeugen Sie Menschen in Ihrer Umgebung. Ihre Urteilskraft wird jedoch hin und wieder durch die irrationalen Aspekte Ihres emotionalen Bewusstseins gefährdet. Sie besitzen ein starkes Selbstbewusstsein, erreichen Ihre Ziele im Leben durch eigene Bemühung und werden von anderen dafür anerkannt. Für Sie ist es schwierig, den goldenen Mittelweg zu finden. Vielmehr gehen Sie im Allgemeinen gerne aufs Ganze. Das gilt vor allem in den Bereichen Lernen, Ausbildung, Spiritualität, Religion und Moral. Sie mögen selbst ein Lehrer werden oder sich mit Recht und Gesetzen beschäftigen.

Sowohl im beruflichen als auch im privaten Bereich sind Sie geistig sehr aktiv und beschäftigen sich mit vielen verschiedenen Themen. Beruflich mögen Sie Tätigkeiten nachgehen, die analytische bzw. kommunikative Fähigkeiten voraussetzen, oder im Handel tätig sein. Sie könnten mehr als eine Kariere absolvieren und sich mit Themen philosophischer oder spiritueller Art beschäftigen.

Emotional sind Sie nicht sehr ausgeglichen und mögen vor allem durch Bemerkungen anderer leicht aus der Fassung geraten. Sie lassen sich gerne durch Ihren ausgeprägten Sinn für Schönheit, Harmonie, Feinheit und Kunst führen und reagieren auf äußere Geschehnisse häufig spontan und kreativ. Wahrscheinlich besitzen Sie künstlerische oder musische Talente, über die Sie sich selbst nicht bewusst sind. Sie tun viel dafür, von anderen als attraktiv wahrgenommen zu werden, und lieben es, die Aufmerksamkeit anderer auf sich zu ziehen. Ist Ihnen das gelungen, so belohnen Sie die Ihnen geschenkte Aufmerksamkeit auf besonders feine und zufrieden stellende Weise.

Auch Beziehungen stellen einen ganz wichtigen Faktor in Ihrem Leben dar.

Sie mögen im Leben einen schlechten Start gehabt und daher in der Kindheit viele Schwierigkeiten, Krankheiten oder Unfälle erlitten haben. Wenn die Jugendjahre vorbei sind, geht es jedoch ständig bergauf.

Aufgabe: Bewahren Sie sich eine große Offenheit und ein hohes Kommunikationsniveau. Vor allem sollten Sie immer wieder versuchen, Ihre Emotionen in Worte zu fassen, um die Kluft zwischen Ratio und Unterbewusstsein zu überbrücken. Sie erlangen keine Zufriedenheit, wenn Sie Ihrem Geist Grenzen setzen. Suchen Sie daher immer nach neuen

Erkenntnissen oder Informationen. Damit Sie sich wohl fühlen, müssen Sie sich Zeit für sich selbst nehmen und viel lesen. Innere Zufriedenheit können Sie auf dem spirituellen Weg finden. Sie brauchen genügend Schlaf und eine ausgewogene, geregelte Ernährung, um Ihre Gesundheit zu erhalten. Sie sind sehr sensibel und leiden übermäßig unter negativen energetischen Einflüssen. Indem Sie für andere Verantwortung übernehmen und sich Verlässlichkeit als integralen Aspekt Ihres Selbstbildes aneignen, können Sie eine stetigere und ausgeglichenere Persönlichkeit entwickeln.

Überwinden Sie die Angst vor der Irrationalität, indem Sie Ihre Gefühle und Intuitionen erforschen und verbalisieren.

Freitag im Merkurjahr

	Führung	
	Venus*	
Ruhm	**Reichtum**	**Ideale**
Sonne *Neutral*	Merkur *Positiv*	Saturn *Negativ/Feind*
Extreme	**Unbeständigkeit**	**Störung**
Jupiter *Neutral*	Mond *Neutral*	Mars *Freund*

Whitney Houston · Jennifer Lopez
Wolfgang Schäuble · Bruce Springsteen
Antoine de St. Exupéry
Walter Ulbricht · Napoleon Bonaparte
Luciano Pavarotti · Jimi Hendrix

Merkurjahre

1893 · 1900 · 1907 · 1914 · 1921 · 1928 · 1935 · 1942 · 1949
1956 · 1963 · 1970 · 1977 · 1984 · 1991 · 1998 · 2005 · 2012
(jeweils vom 15. April bis 14. April des nächsten Jahres)

Vermittler/in mit Spontaneität Kreativität

Sie besitzen ein feines Wesen und verbreiten durch Ihre äußere Erscheinung Harmonie und Freude in Ihrer Umgebung. Sie begeistern sich für Kunst, Musik und Kultur und erfahren vor allem durch diese Aspekte des Lebens innere Zufriedenheit. Sie haben eine grandiose Fähigkeit, anderen Ihre kreativen Impulse und künstlerischen Ausdrucksweisen mitzuteilen und sie damit zu bezaubern. Sie verwenden viel Energie darauf, von anderen wahrgenommen und wertgeschätzt zu werden. Vor allem Ihre äußere Erscheinung ist Ihnen dabei wichtig. Sie haben jedoch auch die Fähigkeit, die einmal gewonnene Aufmerksamkeit reichlich zu belohnen. Andere nehmen Sie als harmonisch, fein und ästhetisch wahr. Wahrscheinlich besitzen Sie künstlerische oder musische Talente, denen Sie ganz natürlich nachgehen, ohne ihnen zu viel Bedeutung beizumessen. Es ist das Schöne, Angenehme und Feine, das Sie motiviert, und im kreativen Ausdruck liegen Ihre wahren Stärken. Indem Sie Ihre Kreativität und Spontaneität ausleben, laufen Sie jedoch Gefahr, den chaotischen Energien Ihres Bewusstseins freien Lauf zu gewähren und eine Spur begonnener, jedoch nicht zum Ende geführter Projekte zu hinterlassen. Da Sie in Ihrer Spontaneität die Qualität des Augenblicks sehr hoch schätzen und jeden Augenblick neu wahrnehmen, fehlt es Ihrem Handeln häufig an der notwendigen Kontinuität, um Dinge zu entwickeln und zu einem angemessenen Abschluss zu bringen.

Sie besitzen ein starkes Selbstbewusstsein und werden von anderen in vielen Bereichen als Autorität gesehen. Sie erreichen Ihre Ziele im Leben durch Ihre eigene Bemühung und werden von anderen dafür auch anerkannt. Sie sind intellektuell aktiv und produktiv und besitzen Talent fürs Schreiben, Lehren und Vortragen. Sie mögen mehr als eine Karriere absolvieren und sich mit verschiedenen Themen philosophischer oder spiritueller Art beschäftigen. Um sich zu balancieren, müssen Sie sich Zeit für sich selbst nehmen und viel lesen. Emotional sind Sie nicht sehr ausgeglichen und könnten vor allem durch Bemerkungen anderer leicht aus der Fassung geraten.

Auch Beziehungen stellen einen ganz wichtigen Faktor in Ihrem Leben dar. Je mehr Sie diese Talente in Ihrem Leben umsetzen, desto besser werden Sie auch Ihre vielerlei Schwankungen unterworfene männliche Seite und damit ihre Motivation, Energie und Ihren Mut fördern können.

Aufgabe: Sie lieben Schönheit, Luxus und Harmonie und gehen auf der äußeren Ebene spielerisch damit um. In Ihrem Inneren besitzen Sie jedoch einen ernsten Kern, der an kritischer Selbstreflexion und Arbeit an sich selbst interessiert ist. Balancieren Sie diese Seiten aus, und finden Sie eine gemeinsame Sprache für beide Bewusstseinsebenen. In Wort und Tat sollten Sie versuchen, Ihren ernsthaften inneren Anspruch mit der chaotischen oder lockeren äußeren sAusdrucksform zu verbinden und zu harmonisieren.

Ihre starke innere Energie, Motivation und Leidenschaft kann sich mit Ihrem inneren Bedürfnis nach Verantwortung, innerer Ordnung und klaren Strukturen verbinden, um Ihrem spontanen und kreativen Selbstausdruck in der Wirklichkeit eine praktische Umsetzung zu ermöglichen. Richten Sie daher Ihre Aufmerksamkeit auch auf Ihr inneres Wesen, das praktisch veranlagt ist und nach Form und Struktur verlangt. Auch durch Schreiben, Reden, Kommunizieren und Veröffentlichen können Sie Struktur und Spontaneität verbinden.

Sie brauchen viel Schlaf und eine ausgeglichene, geregelte Ernährung, um Ihre Gesundheit zu erhalten, da Sie sehr sensibel sind und übermäßig unter negativen energetischen Einflüssen leiden.

Bewahren Sie sich in Ihrem freien und kreativen Ausdruck die Ernsthaftigkeit und die Konzentration auf das Wesentliche.

Samstag im Merkurjahr

	Führung	
	Venus *Negativ/Feind*	
Ruhm	**Reichtum**	**Ideale**
Sonne *Positiv*	**Merkur** *Neutral*	**Saturn***
Extreme	**Unbeständigkeit**	**Störung**
Jupiter *Neutral*	**Mond** *Neutral*	**Mars** *Neutral*

Queen Mum · Rembrandt · Dalai Lama XIV.
Sir Peter Ustinov · Bertrand Russell ·
Julius Hackethal · Friedensreich Hundertwasser
Hoimar von Ditfurth

Merkurjahre

1893 · 1900 · 1907 · 1914 · 1921 · 1928 · 1935 · 1942 · 1949
1956 · 1963 · 1970 · 1977 · 1984 · 1991 · 1998 · 2005 · 2012
(jeweils vom 15. April bis 14. April des nächsten Jahres)

Praktiker/in mit künstlerischen Talenten

Sie stellen Verantwortung, Pflichtbewusstsein und die Hingabe an Dienst und Arbeit in den Mittelpunkt Ihres Lebens. Daher können Sie einen wichtigen Beitrag für das Wohlergehen Ihrer Familie, Gemeinschaft oder der Menschheit leisten. Sie werden von anderen gerne als Autoritätsperson akzeptiert und strahlen ein starkes Selbstbewusstsein aus. Sie können anderen Trost und Schutz geben und haben auf Menschen eine starke positive Wirkung.

Beruflich haben Sie es hauptsächlich mit logischen, sprachlichen oder kaufmännischen Tätigkeiten zu tun. Sie könnten auch künstlerisch und musikalisch sehr begabt sein und Stärken darin haben, Dinge schön und angenehm zu gestalten. Vor allem in den Bereichen Ausbildung und Schule fällt es Ihnen schwer, dem gesellschaftlich vorgegeben Weg zu folgen. Sie können mit großer Begeisterung lernen oder eine Ausbildung beginnen, um das Erlernte später wieder fallen zu lassen und etwas ganz anderes zu tun. Häufig geschieht dies, wenn das Erlernte oder die daraus folgende Beschäftigung nicht mehr Ihren Idealen entspricht. Sie mögen einen hohen moralischen Anspruch an andere und sich selbst stellen.

Sie orientieren sich stark an Wünschen und Idealen anderer und finden vieles in Menschen, das Sie selbst darstellen oder erreichen möchten. Das sind jedoch nicht die Dinge, die Ihnen wirkliche Zufriedenheit geben können. Auch mögen Sie Schwierigkeiten haben, Ihre Talente und Potenziale zu erkennen, zu manifestieren und zu leben.

Wirkliche Zufriedenheit bringen Ihnen vor allem Kommunikation, Lesen, gute Gespräche, analytische Tätigkeiten und Kinder. Sie brauchen Herausforderungen für Ihren Intellekt, was Ihnen helfen wird, Ihre eher wechselhaften Gefühle zu balancieren.

Aufgabe: Hüten Sie sich davor, allzu ungezwungen Ihren kreativen, inspirativen und künstlerischen Impulsen zu folgen, da Sie diese später bereuen könnten, wenn sie nicht mit Ihrem Anspruch auf das Wesentliche und die Ernsthaftigkeit im Leben abgestimmt sind. Sie mögen spontan zu vielem „ja" sagen, das sich nicht mit Ihrem Lebensplan in Einklang bringen lässt. Ihre Aufgabe besteht darin, eine natürliche Kommunikation und Sprache zwischen dem planenden konservativen Realisten in Ihnen und der ungezwungenen Herangehensweise ans Leben zu finden, die die spontanen Ausdrucksformen liebt und umarmt. Dies kann sowohl in der Kunst als auch in der Wissenschaft, Religion oder

Spiritualität geschehen, die als Erfahrungs- und Ausdrucksbereiche dienen können, um beide Seiten miteinander zu verbinden.

Sie sollten Verantwortung für andere übernehmen, Ihr Selbstbewusstsein und Ihre Willensstärke trainieren und etwas für Ihre Gesundheit tun. Ihre Energie und Vitalität mögen geschwächt sein. Körperliche Übungen, künstlerische Tätigkeiten und Zeit für Beziehungen unterstützen Sie in diesem Bereich. Ihre Gesundheit stärken Sie jedoch auch, indem Sie mehr auf gute Freunde und Ratgeber hören, sich spirituelles Wissen aneignen und meditieren.

Manifestieren Sie Verantwortung und Hingabe in den spontanen Ausdrucksformen des Lebens.

Die Jupiter-Familie

	Führung	
	Saturn	
Ruhm	**Reichtum**	**Ideale**
Mond	Jupiter	Sonne
Extreme	**Unbeständigkeit**	**Störung**
Venus	Mars	Merkur

Jupiterjahre

1894 · 1901 · 1908 · 1915 · 1922 · 1929 · 1936 · 1943 · 1950
1957 · 1964 · 1971 · 1978 · 1985 · 1992 · 1999 · 2006 · 2013
(jeweils vom 15. April bis 14. April des nächsten Jahres)

Mit diesem Jahreshoroskop, das von Jupiter im Haus des Reichtums dominiert wird, geht es Ihnen um eine praktische Philosophie, die die verschiedenen Lebensbereiche in einem umfassenden Verständnis der Wirklichkeit zusammenfasst. Sie streben nach einem tiefen Verständnis der universalen Prinzipien und kosmischen Gesetze, um mit deren Hilfe auch für sich selbst und andere zu einer harmonischen Existenz zu kommen. Jupiter steht für Philosophie, Wahrheit und Objektivität. Er ist von seinem Wesen her beobachtend und besitzt der materiellen Wirklichkeit gegenüber eine gewisse philosophische Distanz. Indem er sich aus der Welt herausnimmt, vermag er sie gut zu beobachten und zu bewerten. Mit Jupiter im Haus der inneren Zufriedenheit brauchen Sie daher einen hohen moralischen Anspruch im Leben, um für sich selbst Klarheit und Wahrheit zu erfahren. Jupiter steht auch für inneres und äußeres Wachstum. Sie müssen sich daher im Leben ständig weiterentwickeln. Da Jupiter auch eine starke spirituelle Neigung besitzt, mögen Sie selbst letztendlich erst durch Ihr eigenes spirituelles Wachstum Zufriedenheit finden.

Sie haben großen Respekt vor Wissen, Bildung und Lehrern und mögen auch selbst als strenger Lehrer auftreten. Sie haben ein klares Bild von der Welt und wie sie sein sollte und bringen gerne Ihre Vorstellungen zur Verbesserung der Welt zum Ausdruck. Sie haben auch ein stark ausgeprägtes Gerechtigkeitsgefühl, das sich im Einzelfall als übertriebene Kritik oder als praktische Weisheit äußern kann. Sie wähnen sich selbst immer im Recht und sind bereit, große Anstrengungen zu unternehmen, um das zu beweisen. Daher mögen Sie als Rechtsanwalt, Richter oder Schlichter in Erscheinung treten und in diesen Funktionen Großes leisten. Sie stellen im Allgemeinen Vernunft und Verstand über Gefühle und Intuition.

Sie beobachten die Welt aus einer Haltung innerer Loslösung heraus, selbst wenn Sie aktiv an ihr teilhaben. Sie mögen in Ihrem Beruf hart arbeiten und Ihre Karriere vorantreiben. Berufliches Wachstum mögen Sie als persönliches Wachstum empfinden. Sie bevorzugen Tätigkeiten, in denen Sie sich physisch nicht so stark involvieren müssen. Sie mögen sich trotz Ihres intensiven Karrierestrebens nicht allzu sehr vom Erfolg abhängig machen, da Jupiter und Saturn in den Häusern Reichtum und Führung zwar zielstrebige, aber gleichzeitig auch losgelöste Energien verkörpern.

In Ihnen findet sich eine deutliche Polarität zwischen Ihrem inneren und äußeren Wesen. Nach außen hin erscheinen Sie eher weich und sind von den weiblichen Energien der Venus, des Mondes und des Saturns getragen, während Ihr inneres Wesen von den männlichen Energien der Sonne und des Merkurs geprägt wird, die auf objektive Beurteilung, Strenge und Autorität bestehen. Nach außen hin erscheinen Sie durch die Energie des Mondes im Haus des Ruhmes liebenswürdig, zuvorkommend und fürsorglich. Menschen fühlen sich von Ihnen verstanden und schätzen Ihre Menschlichkeit. Sie zeigen auch ein ausgeprägtes intuitives Einfühlungsvermögen, was dazu führt, dass Sie sehr leicht die Emotionen um sich herum absorbieren. Sie sollten lernen, stärker zwischen Ihren eigenen Gefühlen und den von außen kommenden Eindrücken zu unterscheiden, und so einen stärkeren Selbstschutz aufbauen. Sie versuchen immer Sorge zu tragen, dass alle zufrieden sind und sich wohl fühlen, da Sie eine starke emotionale Verbundenheit mit den Menschen fühlen.

Sie mögen jedoch in Ihrem äußeren Verhalten immer für eine Überraschung gut sein, da Jupiter im Haus des Reichtums und Mond im Haus den Ruhmes gleichermaßen eine feindliche wie positive Beziehung unterhalten, die durchaus nicht frei von inneren Widersprüchen ist. Ihre Selbstdarstellung nach außen mag daher äußerst widersprüchlich erscheinen, wenn Sie Ihre Gefühle und Ihren Verstand nicht aufeinander abstimmen können.

Saturn im Haus der Führung gibt Ihnen eine starke Neigung, anderen zu helfen, und den Wunsch, irgendwie auf sinnvolle und nützliche Weise beschäftigt zu sein. Für Sie ist es schwer, nein zu sagen, selbst wenn dies eigentlich angebracht wäre. Sie würden sich sonst Vorwürfe machen, Ihre Pflicht nicht erfüllt zu haben. Pflichtbewusstein, Disziplin, klare Formen und Strukturen gehören durch die Stellung Saturns im Haus der Führung zu Ihrer zweiten Natur. Diese Eigenschaften sind so natürlich für Sie, dass Sie sie an sich selbst nicht bemerken mögen. Es besteht hier jedoch der Konflikt mit Ihrer inneren Spontaneität und Kreativität, die gegen Ihre innere

Strukturiertheit rebellieren mag, falls Sie nicht in Ihrer Mitte sind und ein stetiges Gleichgewicht zwischen Kopf und Herz bewahren.

Die Sonne im Haus der Ideale gibt Ihnen eine enorme innere Stärke, die andere jedoch nicht auf den ersten Blick wahrnehmen können, da sie durch die weiche Schale getäuscht werden. Kommt man enger mit Ihnen in Kontakt, so erfährt man, dass Sie im Inneren nicht so schnell kapitulieren sondern mit Vehemenz Ihren Standpunkt vertreten. Sie mögen Menschen mit Autorität, Macht und Selbstvertrauen bewundern und auch selbst nach diesen Eigenschaften streben. Es wird Ihnen aber kaum gelingen, selbst diese Eigenschaften in zufrieden stellendem Maße zu realisieren, da Ihre Sonne sich mehr im Inneren als in der äußeren Wirklichkeit manifestiert.

Merkur im Haus der Störung spielt eine wichtige Rolle, um zwischen den miteinander streitenden Energien von Venus und Saturn zu vermitteln. Dies geschieht durch wachsame Beobachtung, tiefe Gedanken und eine offene, experimentierfreudige Herangehensweise. Auf diese Weise mag es Ihnen gelingen, den Gegensatz zwischen Ihrer konservativen und pflichtbewussten Motivationsebene und Ihren spontanen, kreativen und teilweise chaotischen Ausbrüchen zu überwinden.

Da die Energien von Mars, Venus und Merkur, die Partnerschaft, Ehe, Familie und Kindern zugeordnet sind, sich im Untergrund Ihres Horoskops befinden (in den drei unteren Häusern), fällt Ihnen der Zugang zu diesen Themen im Allgemeinen nicht so leicht. Sie mögen erst spät heiraten und kein allzu starkes Interesse an Familienangelegenheiten zeigen. Das ist jedoch nicht der Fall, wenn Sie dienstags, freitags, sonntags oder montags geboren sind, da Sie sich dann stärker mit der durch den Tag jeweils geförderten Familienrolle identifizieren können (Mars – Ehemann, Merkur – Kind, Venus – Ehefrau, Mond – Mutter).

Sie können auch durch den Bereich der Sexualität in Ihrem Leben immer wieder auf Schwierigkeiten stoßen. Mars und Venus sind beide in den unteren Häusern platziert. Auch hier ist die Vermittlung des Merkurs durch offene Kommunikation, Flexibilität und Humor notwendig.

Sonntag im Jupiterjahr

	Führung Saturn *Positiv*	
Ruhm Mond *Neutral*	**Reichtum** Jupiter *Freund*	**Ideale** Sonne*
Extreme Venus *Neutral*	**Unbeständigkeit** Mars *Feind*	**Störung** Merkur *Negativ*

Louis Armstrong · Enrico Fermi
Graf Zeppelin

Jupiterjahre

1894 · 1901 · 1908 · 1915 · 1922 · 1929 · 1936 · 1943 · 1950
1957 · 1964 · 1971 · 1978 · 1985 · 1992 · 1999 · 2006 · 2013
(jeweils vom 15. April bis 14. April des nächsten Jahres)

Reformer/in mit Selbstbewusstsein

Während Sie nach außen hin fürsorglich und einfühlsam auftreten, streben Sie innerlich nach Selbstverwirklichung, Autorität und Macht. Es fällt Ihnen nicht leicht zwischen Ihren eigenen Gefühlen und den Eindrücken zu unterscheiden, die von außen auf Sie wirken. Sie mögen sogar unter dem Gefühl leiden, zu stark von außen beeinflusst zu werden.

Sie schätzen einen hohen Lebensstandard und mögen im Leben eine wichtige berufliche Position erlangen. Sie könnten ein guter Redner sein und eine scharfe Intelligenz haben. Sie bewundern Menschen mit Macht und Selbstbewusstsein und würden es ihnen gerne gleichtun. Auch beeindruckt es Sie, wenn jemand seine Ziele aus eigener Kraft erreicht. Ihr Vater mag Ihr Vorbild sein.

Sie verfügen über gute Führungsqualitäten, können Strukturen schaffen, organisieren, bringen Dinge zu Ende und können sich auf das Wesentliche konzentrieren. Sie haben ein starkes Pflichtbewusstsein und sind eher konservativ veranlagt. Freude und Zufriedenheit finden Sie vor allem in der Aneignung von Wissen und Weisheit, durch gute Freunde und Spiritualität. Beruflich mögen Sie in den Bereichen Ausbildung, Recht, Rechtsgebung, Regierung, Beratung, Wissenschaft oder Religion sehr erfolgreich sein. Auch in den Bereichen Musik und Kunst könnten Sie große Leistungen erbringen.

Obwohl Sie bereits ein starkes Selbstvertrauen besitzen, streben Sie häufig nach mehr Autorität und Einfluss. Sie sind zuweilen frustriert darüber, dass Sie Ihre Individualität nicht richtig vermitteln können, da Sie sich zu sehr von außen beeinflussen lassen. Sie mögen immer wieder zu dem Punkt kommen, dass Sie sich gerne mehr selbst verwirklichen möchten.

In Ihren Beziehungen, besonders zu Frauen, im Ausleben Ihrer weiblichen Seite und im Streben nach Genuss und Schönheit mögen Sie in die Extreme gehen. Auf Ihre eigene Energie und Vitalität ist jedoch nicht immer Verlass. Sie unterliegen häufigen Schwankungen, ebenso wie Ihre Motivation und Ihr Mut wechselhaft sind. Schwierigkeiten bereiten Ihnen auch die Lebensbereiche Kommunikation, analytisches Urteilsvermögen, Humor und Kinder. Nervosität und Verdauungsprobleme könnten mit einer Schwächung der Lunge einhergehen.

Aufgabe: Sie könnten eine negative Haltung gegenüber offener Kommunikation, freiem Humor und Kindern haben. Je mehr Sie sich diese Bereiche jedoch positiv erschließen, desto besser können Sie

Ihre widerstreitenden Energien harmonisieren. Hiermit sind auf der einen Seite Ihr starkes Streben nach individuellem Selbstausdruck und auf der anderen Seite Ihre emotionale Beeindruckbarkeit und Beeinflussbarkeit gemeint. Werden Sie sich mehr über Ihre eigene innere Gefühlswelt bewusst und fassen Sie sie in Worte, um sie nach außen zu kommunizieren.

Umgeben Sie sich mit schönen Dingen, und entwickeln Sie Ihre musische und künstlerische Seite auf ausgewogene Art und Weise. Folgen Sie dabei immer dem Pfad von Moral und Ethik. Wichtig ist für Sie auch eine tiefe und klare Beziehung zu Frauen, die Ihnen die besten Ratgeber sein können.

Finden Sie die Balance zwischen individuellem Selbstausdruck und emotionaler Beeinflussbarkeit, indem Sie Ihre eigenen Gefühle mehr kommunizieren.

Montag im Jupiterjahr

	Führung	
	Saturn *Neutral*	
Ruhm	**Reichtum**	**Ideale**
Mond*	**Jupiter** *Positiv/Feind*	**Sonne** *Neutral*
Extreme	**Unbeständigkeit**	**Störung**
Venus *Neutral*	**Mars** *Negativ*	**Merkur** *Freund*

Stephanie von Monaco · Grace Kelly
Johanna von Orléans · Jassir Arafat
Jean-Jacques Rousseau · Vaclav Havel

Jupiterjahre

1894 · 1901 · 1908 · 1915 · 1922 · 1929 · 1936 · 1943 · 1950
1957 · 1964 · 1971 · 1978 · 1985 · 1992 · 1999 · 2006 · 2013
(jeweils vom 15. April bis 14. April des nächsten Jahres)

Helfer/in mit Sensibilität und Pflichtbewusstsein

Sie besitzen ein sehr sensitives, emotional offenes Wesen und sind immer bereit, anderen zu helfen und sie zu umsorgen. Daher nimmt Ihre Umgebung Sie als liebend und fürsorglich wahr. Sie sind ständig mit sozialen und gesellschaftlichen Themen beschäftigt. Sie nehmen starken Anteil am emotionalen Leben der Menschen um Sie herum und sind daher auch negativen Einflüssen gegenüber fast ungeschützt. Wenn Sie mit den vielen emotionalen Inputs nicht mehr umgehen können, müssen Sie sich zurückziehen und Ihre Aufmerksamkeit auf sich selbst lenken. Eine tiefe Selbstreflexion ist in solchen Situationen notwendig, um die inneren Turbulenzen zu glätten.

Sie nehmen Ihr Schicksal selbst in die Hand, sind äußerst selbstständig, mutig, ehrgeizig und können Ruhm und Weisheit erlangen. Sie mögen beliebt und sogar berühmt sein und auf andere eine beruhigende, ausgleichende Wirkung haben.

Sie haben die Fähigkeit, sich auf das Wesentliche konzentrieren zu können, und bringen im Allgemeinen Dinge zu Ende, die Sie angefangen haben. Sie können Strukturen schaffen und besitzen ein gutes

Organisationstalent. All diese Eigenschaften geben Ihnen gute Voraussetzungen, andere Menschen zu führen. Ihre große Gabe, sich um andere zu kümmern, auf deren Gefühle einzugehen, und Ihre fürsorgliche Natur tragen jedoch dazu bei, dass Sie Macht und Autorität eher an andere weitergeben möchten. Hierunter mag Ihr eigenes Ego zuweilen leiden.

Sie haben ein starkes Pflichtbewusstsein und sind eher konservativ veranlagt, müssen jedoch darauf achten, bei all Ihren Tätigkeiten Herz und Kopf in Einklang zu bringen. Gerade im Beruf werden Sie nur zurecht kommen, wenn Sie Ihr Handeln und Denken gefühlsmäßig voll und ganz unterstützen. Freude und Zufriedenheit finden Sie vor allem in der Aneignung von Wissen und Weisheit, durch gute Freunde und Spiritualität. Manchmal mag es aber auch zu Konflikten mit Ihren Lehrern kommen. Kommunikation, Humor, Logik und Beziehung zu Kindern gehören zu Ihren Stärken, werden in Ihrem Leben jedoch immer wieder Ursache von Schwierigkeiten sein.

Sie können nach außen hin sehr sinnlich auftreten und mögen in Ihren Beziehungen, besonders zu Frauen, im Ausleben Ihrer eigenen weiblichen Seite und im Streben nach Genuss und Schönheit kein rechtes Maß finden. Sie könnten in den Bereichen Musik und Kunst gute Leistungen erbringen, die sich deutlich vom Gewöhnlichen abheben. Nach außen hin mag Ihre Energie sich kraftvoll äußern, nach innen hin mag sie Ihnen häufig fehlen, insbesondere in Bezug auf Willensstärke und das Erreichen Ihrer persönlichen Ideale. Sie können Ihre Motivation vor großen Schwankungen schützen, indem Sie sie für einen größeren Plan, eine Idee oder eine Vision einsetzen.

Aufgabe: Während Sie nach außen hin selbstlos und fürsorglich auftreten, streben Sie doch innerlich nach individueller Selbstverwirklichung, Macht und Autorität. Bringen Sie Ihre äußeren Aktivitäten und Ihr emotionales Engagement mit Ihrem eigenen Lebensplan in Einklang, um Harmonie zwischen Ihrem Ego und Ihrer selbstlosen Natur herzustellen. Wenn Sie persönliche Erfüllung darin finden, sich für andere einzusetzen, können Sie Ihre inneren Widersprüche balancieren. Das wird Ihnen nur mit einer spirituellen oder philosophisch Sicht aufs Leben gelingen.

Sie sind sehr sensibel und sollten daher vorsichtig sein, wen und was Sie an sich herankommen lassen. Sorgen Sie für eine ausgewogene Ernährung und genügend Schlaf, so dass Sie sich immer wieder regenerieren können. Achten Sie in Ihren Beziehungen auf tiefe Kommunikation, moralische Integrität, emotionale Harmonie und Klarheit.

Bringen Sie Ihre Helfernatur mit Ihrem eigenen Lebensplan in Einklang.

Dienstag im Jupiterjahr

	Führung	
	Saturn *Neutral*	
Ruhm	**Reichtum**	**Ideale**
Mond *Negativ*	Jupiter *Neutral*	Sonne *Feind*
Extreme	**Unbeständigkeit**	**Störung**
Venus *Freund*	Mars*	Merkur *Neutral*

Johannes Calvin

Jupiterjahre

1894 · 1901 · 1908 · 1915 · 1922 · 1929 · 1936 · 1943 · 1950
1957 · 1964 · 1971 · 1978 · 1985 · 1992 · 1999 · 2006 · 2013
(jeweils vom 15. April bis 14. April des nächsten Jahres)

Kämpfer/in mit dem Streben nach Macht und Autorität

Sie sind eine äußerst energische, dynamische und mutige Persönlichkeit und suchen Herausforderungen. Sie können organisieren und Menschen führen, besitzen die Fähigkeit, sich auf das Wesentliche zu konzentrieren und hart zu arbeiten. Arbeit motiviert Sie im Leben, ebenso wie Ihr ausgeprägtes Pflichtbewusstsein.

Sie streben nach Macht und Einfluss und bewundern Führungspersönlichkeiten, ebenso wie Sie zu Ihrem Vater aufschauen mögen. Sie selbst mögen in diesen Bereichen jedoch mit Schwierigkeiten zu kämpfen haben, in Konflikte mit Autoritäten geraten und nicht die Anerkennung erhalten, die Sie sich wünschen. Ihr Selbstbewusstsein ist nur nach außen hin stark, bedarf jedoch der Unterstützung durch eine praktische Weisheit und Philosophie, die das Leben erklärt und mit Sinn erfüllt. Vor allem müssen Sie Ihren Lebensplan und Ihre Lebensprinzipien immer wieder gegen Ihre starke impulsive Natur verteidigen, die gerne aus dem Augenblick heraus reagiert, ohne viel nachzudenken. In Ihrer Kommunikation mag es immer wieder zu Missverständnissen kommen, ebenso wie Ihr analytisches Urteilsvermögen Sie häufig im Stich lassen könnte.

Zufriedenheit erlangen Sie durch Wissen, Weisheit und Religion, durch das Streben nach Gerechtigkeit und indem Sie immer Neues lernen. Ihre Beziehungen gestalten sich oft problematisch, da Ihre Gefühle und Anliegen häufig missverstanden werden. Sie neigen dazu, in sinnlichen Belangen in die Extreme zu gehen und dort Ihre ganzen Energien zu binden. Sie besitzen große Wertschätzung für Schönheit, Harmonie und Luxus und sind darauf bedacht, diesen Elementen breiten Raum in Ihrem Leben zu geben. Künstlerisch können Sie große Leistungen erbringen.

Aufgabe: Lassen Sie sich durch den Rat guter Freunde und kompetenter Personen leiten, und folgen Sie einer klaren Disziplin und Struktur, um Ihre Energien zu stabilisieren. Es ist sehr wichtig für Sie, einen klaren Lebensplan mit einem hohen moralischen Standard zu entwickeln. Übertreten Sie niemals die engen Grenzen der Ethik und Moral. Lassen Sie sich von Ihrem starken Gerechtigkeitsempfinden leiten, verrennen Sie sich aber nicht in zu rigide Urteile und Selbstgerichtigkeit.

Stärken Sie Ihre weibliche Seite und Intuition, die Ihnen helfen, Ihre rebellische Natur und Ihre aggressive Haltung gegenüber Autoritäten zu besänftigen.

Es wird Ihnen schwer fallen, ein hohes Tätigkeitsniveau über längere Zeit aufrechtzuerhalten, da Ihre

Kraft häufigen Schwankungen unterliegt. Sie müssen daher unbedingt darauf achten, sich Phasen der Regeneration zu gönnen, sich ausgewogen zu ernähren und genügend zu schlafen.

Berücksichtigen Sie trotz Ihrer rebellischen Kämpfernatur das Wohl aller.

Mittwoch-Vormittag
im Jupiterjahr

	Führung	
	Saturn *Neutral*	
Ruhm	**Reichtum**	**Ideale**
Mond *Freund*	**Jupiter** *Neutral*	**Sonne** *Negativ*
Extreme	**Unbeständigkeit**	**Störung**
Venus *Positiv*	**Mars** *Neutral*	**Merkur***

Vincent van Gogh · Anne Frank
Sokrates · Alice Bailey

Jupiterjahre

1894 · 1901 · 1908 · 1915 · 1922 · 1929 · 1936 · 1943 · 1950
1957 · 1964 · 1971 · 1978 · 1985 · 1992 · 1999 · 2006 · 2013
(jeweils vom 15. April bis 14. April des nächsten Jahres)

Philosoph/in auf der Suche nach der eigenen Identität

Sie verfügen über gute Kommunikationsfähigkeiten, die Ihnen aber nicht immer zu Diensten stehen. Menschen schätzen Sie für Ihre ausgewogenen Ratschläge. Sie sind im intellektuellen Bereich sehr aktiv und besitzen vielleicht auch Talent fürs Schreiben, Lehren und Vortragen. Selten gelingt es Ihnen jedoch, Ihren Geist auf ein Thema zu fokussieren. Denn er lässt sich nicht eingrenzen, sondern liebt es, sich mit allen möglichen Themen und neuen Dingen zu beschäftigen und sich seine eigene Meinung zu bilden.

Sie werden im Leben viele Dinge ausprobieren, Fehler machen und aus den Fehlern lernen. Gestatten Sie es sich, weiter zu experimentieren. Sie haben die Stärke, lebenswichtige Kompromisse zu finden und abstrakte Philosophie und Wissen in das praktische Leben zu integrieren. Sie besitzen ein Talent, den einfachsten und direkten Weg herauszufinden.

Zufriedenheit erreichen Sie durch Lernen, Lehren und Spiritualität. Auch beruflich mögen Sie sich mit diesen Dingen oder mit Gesetzen, Recht oder Beratungen beschäftigen. Im künstlerischen Bereich könnten Sie zu besonderen Leistungen fähig sein.

Nach außen wirken Sie intuitiv, friedvoll und sehr anziehend. Sie mögen beliebt und sogar berühmt sein. Ihr Selbstbewusstsein ist jedoch nicht allzu stabil, was sich auch zu einem Problem mit Autoritäten oder dem Vater entwickeln kann. Sie streben nach Selbstverwirklichung und ringen um Ihre eigene Identität, da Sie es schwer haben, sich in Ihrer philosophischen, teilweise etwas kühlen Betrachtung der Welt wiederzufinden und sich mit Ihrer Rolle darin zu identifizieren.

In Ihrem Leben wird es viele Veränderungen geben. Auch Ihre Gesundheit mag ständigen Schwankungen unterliegen. Sie könnten unter Nervosität leiden und sich zu häufig nach dem richten, was andere von Ihnen wollen. In Ihrer Kindheit dürften Sie mehrmals umgezogen sein und einige Krankheiten erduldet haben. Als Resultat Ihrer etwas unruhigen Kindheit mögen Sie auch heute noch unter dem Gefühl der Heimatlosigkeit leiden.

Aufgabe: Damit Sie sich ausgeglichen fühlen, müssen Sie sich Zeit für sich selbst nehmen und viel lesen, obwohl Sie an sich sozial orientiert sind und gerne Gesellschaft haben. Vor allem müssen Sie lernen, sich nicht nur auf Ihre eigene Urteilskraft zu verlassen, sondern auch auf den Rat guter Freunde und kompetenter Personen zu hören. Besonders Frauen können Ihnen mit ihrer Weisheit behilflich sein. Je mehr Sie Ihre Talente im musischen und künstlerischen Bereich positiv einsetzen, desto eher überwinden Sie Ihre unstete Natur.

Sie sollten auch Ihren ausgeprägten Sinn für Disziplin, Pflicht, Verantwortung und Dienst kultivieren, um Ihrem manchmal stark fordernden Ego einen gangbaren Weg anzubieten, dem es sich verpflichten kann. Wichtig ist es für Sie ebenso, einen klaren Lebensplan vor Augen zu haben und Ihre Stärken, wie Weisheit und eine philosophische Herangehensweise ans Leben, in diesen Lebensplan praktisch einfließen zu lassen. Das bedeutet, die Welt zwar offen, jedoch hin und wieder auch mit philosophischer Distanz zu betrachten, um die eigene Rolle darin losgelöst und objektiver verstehen zu können. Wenn Sie in einer Haltung der Loslösung auf der Grundlage von Verantwortung und Dienstbereitschaft handeln, kommen Sie Ihrer eigenen Natur am nächsten.

Finden Sie Ihre Identität in Dienstbereitschaft, Verantwortungsbereitschaft und durch einen klaren Lebensplan.

Mittwoch-Nachmittag
im Jupiterjahr

	Führung	
	Saturn *Freund*	
Ruhm	Reichtum	Ideale
Mond *Neutral*	Jupiter *Negativ*	Sonne *Neutral*
Extreme	Unbeständigkeit	Störung
Venus *Neutral*	Mars *Positiv*	Rahu*

*Lech Walesa · Swami Sivananda
Ian Fleming*

Jupiterjahre

1894 · 1901 · 1908 · 1915 · 1922 · 1929 · 1936 · 1943 · 1950
1957 · 1964 · 1971 · 1978 · 1985 · 1992 · 1999 · 2006 · 2013
(jeweils vom 15. April bis 14. April des nächsten Jahres)

Rebell/in gegen die Familienideologie

Das wichtigste Lebensthema stellt für Sie die Auseinandersetzung mit und die Rebellion gegen die Familienideologie dar. Sie sind bewusst oder unbewusst bestrebt, überlieferte Glaubenssätze, Verhaltensweisen, Strukturen und Ideologien zu überwinden oder zu bekämpfen.

Sie wählen zum Leben und zu anderen Menschen im Allgemeinen den direkten Zugang und drücken klar aus, was Sie wollen. Ihre Ziele verfolgen Sie meistens zielstrebig und lassen sich selten von anderen beeinflussen oder manipulieren. Sie bevorzugen Ehrlichkeit und erwarten diese auch von anderen. Sie sind äußerst neugierig und mutig. Häufig sind Sie bereit, Risiken einzugehen, vor denen andere zurückschrecken. Obwohl Sie über viel Energie und Kraft verfügen, haben Sie die Neigung, sich zu verausgaben. Arbeit, Pflichtbewusstsein und das Erreichen von Stetigkeit sind für Sie wichtig im Leben. Das gibt Ihnen die Fähigkeit, zu führen und zu organisieren. Zufriedenheit erlangen Sie durch Lernen, Lehren, Wissen und Weisheit, wobei Sie in diesen Bereichen auch mit Schwierigkeiten zu rechnen haben.

Nach außen hin wirken Sie fürsorglich und gefühlsbetont. Sie bewundern Menschen mit Autorität und vielleicht auch Ihren Vater. In Ihren Beziehungen, besonders zu Frauen, im Ausleben Ihrer eigenen weiblichen Seite und dem Streben nach Genuss und Schönheit mögen Sie in die Extreme gehen. Sie könnten in den Bereichen Musik und Kunst gute Leistungen erbringen, die sich deutlich vom Gewöhnlichen abheben. In Ihrem Leben wird es viele Veränderungen geben. Auch Ihre Gesundheit mag ständigen Schwankungen unterliegen. Sie könnten unter Nervosität leiden.

Aufgabe: Je mehr Sie für andere Verantwortung übernehmen und sich um die Verwirklichung Ihrer Ideale bemühen, desto eher können Sie Ihre Gefühle der Unrast überwinden und zu mehr innerer Ausgeglichenheit finden. Auch das Üben von Disziplin und Geduld und die Fähigkeit, sich auf das Wesentliche zu konzentrieren, werden Ihnen dabei helfen, innere Ruhe zu finden. In sozialen und beruflichen Beziehungen werden Sie viele Komplikationen erfahren, da Ihre Kommunikation unkonventionell und etwas rücksichtslos sein mag. Sie sollten den Gefühlen anderer Menschen mit mehr Verständnis und Rücksichtnahme begegnen. Gönnen Sie sich immer Zeit zum Regenerieren, schlafen Sie genug und ernähren Sie sich ausgewogen.

Zeigen Sie mehr Rücksichtnahme
und Verständnis für andere.

Donnerstag im Jupiterjahr

	Führung	
	Saturn *Neutral*	
Ruhm	**Reichtum**	**Ideale**
Mond *Positiv/Feind*	**Jupiter***	**Sonne** *Freund*
Extreme	**Unbeständigkeit**	**Störung**
Venus *Neutral*	**Mars** *Neutral*	**Merkur** *Neutral*

Thomas Gottschalk · Helmut Kohl
Rudolf Hess · Helena Blavatsky
Marc Chagall · Le Corbusier
Cheiro · Oskar Lafontaine

Jupiterjahre

1894 · 1901 · 1908 · 1915 · 1922 · 1929 · 1936 · 1943 · 1950
1957 · 1964 · 1971 · 1978 · 1985 · 1992 · 1999 · 2006 · 2013
(jeweils vom 15. April bis 14. April des nächsten Jahres)

Autorität mit klarem Lebensplan

Sie suchen nach einer praktischen Philosophie, welche die Welt umfassend erklärt, und besitzen auch die Neigung, Ihre individuellen Erkenntnisse der Allgemeinheit als Wahrheit zu präsentieren. Dabei gehen Sie davon aus, dass Ihnen auch alle anderen zustimmen werden, was jedoch nicht immer der Fall sein muss. Sie haben jedoch tatsächlich die Fähigkeit, andere vom Sinn Ihrer Pläne und Anschauungen zu überzeugen, und können Menschen auf diese Weise führen. Sie haben auch die Fähigkeit, Ihre kompromisslosen Pläne und Visionen den anderen durch die Blume zu vermitteln, wenn sich Ihr Herz und Verstand in Einklang befinden. Ist dies nicht der Fall, können Sie Menschen mit Ihrer kompromisslosen Sicht vor den Kopf stoßen.

Sie besitzen gute Führungsqualitäten, schaffen Strukturen, organisieren, bringen Dinge zu Ende und können sich auf das Wesentliche konzentrieren. Sie haben ein starkes Pflichtbewusstsein und sind eher konservativ veranlagt. Ihre Ausbildung hat in Ihrem Leben einen hohen Stellenwert. Auch sind Sie sehr auf Moral und Ethik bedacht und besitzen ein starkes Gerechtigkeitsempfinden. Sie mögen sich beruflich mit Recht und Gesetzen beschäftigen, Lehrer sein oder einen akademischen Beruf haben. Die berufliche Entwicklung stellt in Ihrem Leben das zentrale Thema dar und wird in den meisten Fällen zur Berufung. Sie werden schwer zwischen Privat- und Berufsleben unterscheiden können.

Ihnen wird im Leben Respekt entgegengebracht. Sie sind großzügig und besitzen spirituelle Neigungen. Sie stecken sich hohe und edle Ziele. Wirkliche Zufriedenheit erlangen Sie, wenn Sie sich mit Wissen und Weisheit beschäftigen und neue Dinge lernen. Sie bewundern Menschen mit Macht und Selbstbewusstsein. Auch beeindruckt es Sie, wenn jemand seine Ziele aus eigener Kraft erreicht. Ihr Vater mag Ihr Vorbild sein. Sie besitzen Autorität, werden von anderen Menschen jedoch selten so wahrgenommen, wie Sie wirklich sind. Mit den Medien oder der öffentlichen Meinung mögen Sie auf Kriegsfuß stehen. Sie mögen immer wieder mit Ihrer sozialen Umgebung in Konflikt geraten, insbesondere wenn Sie in emotional angespannte Situationen geraten. Ein ständiges Thema mag in Ihrem Leben auch ein häufigen Schwankungen unterworfener Motivationspegel und eine wechselhafte Vitalität und Energie sein. Nicht immer haben Sie den Mut, zu kämpfen oder Ihre Energie für Ihre Pläne und Ziele einzusetzen.

Aufgabe: Seien Sie kompromissbereiter, ohne Ihre Ziele und Pläne aufzugeben. Gewähren Sie anderen Menschen in der Zusammenarbeit mit Ihnen mehr Freiheit. In Ihrer Kommunikation mag es immer wieder zu Missverständnissen kommen, genauso wie Sie Ihr analytisches Urteilsvermögen häufig im Stich lassen könnte. Suchen Sie daher den Rat guter Freunde und kompetenter Personen. Stärken Sie Ihre weibliche Seite und Intuition, lassen Sie sich von Ihrem ausgeprägten Rechtsgefühl leiten und übertreten Sie niemals die engen Grenzen der Ethik und Moral. Sie sind sensibel und sollten daher vorsichtig sein, für welche Einflüsse Sie sich öffnen. Wenn Sie Ihren Verstand und Ihr Herz in Einklang bringen, können Sie auch die Bedürfnisse der anderen erkennen und in Ihren Plänen berücksichtigen. Achten Sie auf Ihre Ernährung und gönnen Sie sich genügend Schlaf, so dass Sie sich immer wieder regenerieren können.

Verbinden Sie Ihre Pläne und Überzeugungen mit emotionaler Offenheit für die Bedürfnisse anderer.

Freitag im Jupiterjahr

	Führung	
	Saturn *Negativ/Feind*	
Ruhm	**Reichtum**	**Ideale**
Mond *Neutral*	Jupiter *Neutral*	Sonne *Neutral*
Extreme	**Unbeständigkeit**	**Störung**
Venus*	Mars *Freund*	Merkur *Positiv*

Gerhard Schröder · Marlene Dietrich
Johann Sebastian Bach · Robert Redford
Bela Bartok · Antonio Vivaldi · Camille Corot
John Denver · Catherine Deneuve

Jupiterjahre

1894 · 1901 · 1908 · 1915 · 1922 · 1929 · 1936 · 1943 · 1950
1957 · 1964 · 1971 · 1978 · 1985 · 1992 · 1999 · 2006 · 2013
(jeweils vom 15. April bis 14. April des nächsten Jahres)

Planer/in im Konflikt zwischen Schönheit und Disziplin

Sie besitzen glänzende Talente und Neigungen im Bereich Kunst, Musik, Ästhetik, Harmonie und Kreativität. Sie müssen diese spontanen Ausdrucksformen Ihrer Persönlichkeit jedoch mit Ihrem ausgeprägten Sinn für Disziplin, Pflicht, Verantwortung und Struktur in Einklang bringen, was für Sie wirklich nicht einfach ist. Ein sorgendes und mitfühlendes Wesen, das auf andere zugeht und für deren Gefühle offen ist, ist dafür notwendig. Dem mag aber immer wieder Ihre nüchterne, rationale und planende Lebenseinstellung gegenüberstehen, welche die Welt philosophisch oder ideologisch erklären möchte. Wenn Sie Herz und Verstand miteinander in Einklang bringen, gelingt es Ihnen, Spontaneität und Struktur friedlich koexistieren zu lassen.

Für Sie gibt es kein Mittelmaß. Sie streben immer nach den Extremen und gehen im Allgemeinen aufs Ganze. Das gilt in Ihrem Leben in der Beziehung zu Frauen, für das Ausleben Ihrer weiblichen Seite, für das Genießen der angenehmen Aspekte des Lebens und in Hinblick auf künstlerische und musikalische Leistungen. Sie besitzen viel Energie und Kraft, haben aber auch die Neigung, sich zu verausgaben. Sie sind vor allem in Ihrer frühen Kindheit und Jugend Unfällen und Krankheiten gegenüber anfällig gewesen. Nach der Jugend gibt es aber in Ihrem Leben eine starke und stetige Tendenz zur Verbesserung.

Sie verfügen über ausgesprochen starke organisatorische Talente und Führungsqualitäten. Sie können Strukturen schaffen, sind diszipliniert und geduldig, erkennen jedoch häufig Ihre eigenen Stärken nicht, die dann brachliegen. Sie sind kommunikativ und mögen auch ein guter Redner sein. Trotzdem könnte es gerade in diesen Bereichen immer wieder zu Störungen kommen. Auch mögen Sie häufig in Ihren Urteilen falsch liegen. Zufriedenheit erreichen Sie durch Lernen, Lehren und Spiritualität, und auch beruflich mögen Sie sich mit diesen Dingen oder mit Gesetzen, Recht oder Beratungen beschäftigen.

Aufgabe: Nutzen Sie Ihr ausgeprägtes Rechtsempfinden und Ihre Gabe im Bereich Kommunikation und Analyse, um mehr Balance in Ihr Leben zu bringen. Nehmen Sie sich Zeit für sich selbst, für tiefe Gespräche und zum Lesen. Ihr Urteilsvermögen müssen Sie immer mit Ihrer Intuition und Ihren Gefühlen überprüfen und umgekehrt, um weise Entscheidungen treffen zu können. Übernehmen Sie für andere Verantwortung und zeigen Sie ihnen, dass diese sich auf Sie verlassen können. Vor allem Disziplin, das Üben von Geduld und Konzentration auf das Wesentliche werden Ihnen helfen, eine gewisse Unrast zu überwinden. Suchen Sie Rat bei guten Freunden und kompetenten Personen. Gönnen Sie sich immer Zeit zum Regenerieren, schlafen Sie genug und ernähren Sie sich ausgewogen.

Verbinden Sie Kunst, Liebe und Pflicht harmonisch miteinander.

Samstag im Jupiterjahr

	Führung	
	Saturn*	
Ruhm	**Reichtum**	**Ideale**
Mond *Neutral*	Jupiter *Neutral*	Sonne *Positiv*
Extreme	**Unbeständigkeit**	**Störung**
Venus *Negativ/Feind*	Mars *Neutral*	Merkur *Neutral*

Edith Piaf · Stevie Wonder · Frank Sinatra
Wilhelm Busch · Mick Jagger

Jupiterjahre

1894 · 1901 · 1908 · 1915 · 1922 · 1929 · 1936 · 1943 · 1950
1957 · 1964 · 1971 · 1978 · 1985 · 1992 · 1999 · 2006 · 2013
(jeweils vom 15. April bis 14. April des nächsten Jahres)

Praktiker/in mit sozialem Engagement

Sie sind von Natur aus sehr pflichtbewusst und sehen sich gerne als hilfreichen Diener der anderen und als verantwortungsbewussten Organisator. Der Dienst, den Sie der Gemeinschaft und anderen Menschen leisten möchten, stärkt auch Ihre eigene Identität und Ihr Selbstbewusstsein. Es bedarf jedoch der Ergänzung durch die kreative Energie, die sich im spontanen Selbstausdruck äußern möchte, um zu einem harmonischen Gesamtbewusstsein zu kommen. Sie haben die Tendenz, sich in Ihrem Leben zu sehr durch Pflichten, eine strukturierte Lebensweise und Verantwortung leiten zu lassen. Wirken Sie dieser Tendenz durch Humor, eine spielerische Herangehensweise ans Leben und etwas philosophische Distanz entgegen. Ihre kreative, intuitive und emotionale Seite wird immer mit Ihrer strukturierten und pflichtbewussten Seite wettstreiten. Lassen Sie sich von einem harmonischen Paar aus Herz und Verstand leiten, um diese Pole miteinander zu verbinden.

Sie mögen eine führende Position in der Gesellschaft erreichen. Auch sind Sie redegewandt und verfügen über ausgeprägte organisatorische Fähigkeiten und sind sehr diszipliniert. Sie besitzen Geduld und Ausdauer und können hart arbeiten. Sie bewundern Menschen mit Macht und Selbstbewusstsein und eifern ihnen nach. Auch beeindruckt es Sie, wenn jemand seine Ziele aus eigener Kraft erreicht. Ihr Vater mag Ihr Vorbild sein.

Nach außen hin wirken Sie sehr emotional und intuitiv. Sie sind beliebt und mögen die Aufmerksamkeit anderer auf sich ziehen. Im sinnlichen und künstlerischen Bereich sowie in Beziehungsfragen neigen Sie zu Extremen. In Ihrer Kommunikation mag es immer wieder zu Störungen und Missverständnissen kommen. Ihre Energie, Kraft, Motivation und Vitalität sind häufig Schwankungen unterworfen. Sie haben die Neigung, sich zu viel zuzumuten.

Aufgabe: Sie sollten Kommunikation, Achtsamkeit, emotionale Anteilnahme und Ihre weise Gesamtsicht der Welt zusammenbringen, um Kunst, Musik, persönliche Beziehungen, Liebe und Schönheit in Ihr Leben zu integrieren. Es ist wichtig, dass Sie ständig Neues lernen, sich mit Weisheit und Spiritualität beschäftigen und Menschen finden, die weiser sind als Sie, denn nur so können Sie innere Zufriedenheit erlangen.

Ergänzen Sie Ihre logischen Urteile und Entscheidungen immer durch die Weisheit Ihres Gefühls und den Rat guter Freunde, um keine folgenschweren Fehlentscheidungen zu treffen. Nutzen Sie Ihre Intuition und Ihre Fähigkeit, andere zu verstehen und zu erspüren, um Ihren künstlerischen, kreativen, spontanen und ästhetischen Neigungen eine positive Ausrichtung zu geben. Diese mögen sonst unter dem Druck der Ihnen anhaftenden Ernsthaftigkeit und pessimistischen Grundeinstellung chaotisch und unorganisiert zum Ausdruck kommen. Achten Sie vor allem in Ihren Beziehungen auf klare Verhältnisse und vermeiden Sie Unehrlichkeiten. Auch sollten Sie sich Zeit zur Regeneration gönnen, sich ausgewogen ernähren und genügend schlafen.

Begegnen Sie Ihrer natürlichen Ernsthaftigkeit mit etwas Humor und Verspieltheit.

Die Venus-Familie

	Führung	
	Sonne	
Ruhm	**Reichtum**	**Ideale**
Mars	Venus	Mond
Extreme	**Unbeständigkeit**	**Störung**
Saturn	Merkur	Jupiter

Venusjahre

1895 · 1902 · 1909 · 1916 · 1923 · 1930 · 1937 · 1944 · 1951
1958 · 1965 · 1972 · 1979 · 1986 · 1993 · 2000 · 2007 · 2014
(jeweils vom 15. April bis 14. April des nächsten Jahres)

Venus steht im Zentrum Ihres Horoskops. Sie verkörpert Liebe, Güte, Mitgefühl, die Wertschätzung des Schönen, Verspieltheit, Spontaneität und Kreativität. Ihr großer Gegenspieler, der Saturn, steht in Ihrem Horoskop jedoch im Haus der Extreme, wo er jederzeit fordern kann, dass Sie klare

Strukturen und Formen in Ihrem Leben schaffen und verantwortlich mit sich und anderen umgehen. Der Ausgleich zwischen diesen beiden Polen prägt Ihr Leben in starkem Maß. Obwohl Sie die Neigung haben, immer wieder klare und verpflichtende Strukturen in Ihrem Leben zu schaffen, wird Ihr inneres Selbst durch solche Muster nicht zufrieden gestellt. Sowohl in Ihrem Handeln als auch in Ihrer Sprache und Kommunikation müssen Sie nach Integration dieser Gegensätze streben, wobei der kreative Selbstausdruck und die Spontaneität der Venus nicht untergeordnet werden dürfen.

Mit Venus im Haus des Reichtums sind Sie ein Mensch, der die Schönheit und Harmonie seiner Umgebung wertschätzt. Sie besitzen ein großes Interesse für Kunst, Musik, Kultur, Ästhetik sowie für die Schönheit der Natur, aber auch ganz alltäglicher Dinge. Sie möchten Ihr Leben genießen und schöne Dinge erfahren. Hierbei streben Sie nach einem spontanen Leben, in dem Sie Ihre Kreativität frei zum Ausdruck bringen können, ohne durch allzu starke Strukturen eingeschränkt zu werden. Sie mögen daher gelegentlich zum Chaotischen neigen.

Ihr Saturn im Haus der Extreme wird Sie immer wieder in Phasen stark strukturierten Handelns hineinbringen, wenn es beispielsweise Ihr Beruf erfordert, doch können Sie solche Phasen nicht lange durchhalten und streben immer wieder nach einem freien, unstrukturierten Leben.

Aufgrund Ihrer spontanen inneren Natur lieben und bereiten Sie Ihrer Umwelt immer wieder Überraschungen. Sie brechen häufig aus Ihrer Umgebung oder Ihrem Lebensplan aus, wenn er Ihnen zu eng wird. Sie pflegen gute Beziehungen zu Frauen im Allgemeinen, und falls Sie ein Mann sind, mögen Sie sich emotional stark von Ihrer Lebenspartnerin abhängig fühlen und machen.

In Ihrem Beruf funktionieren Sie am besten, wenn Sie viel Freiraum haben und sich kreativ entfalten können. Sie brauchen fließende Arbeitszeiten und können es nicht leiden, wenn Sie unter zu großem Zeitdruck stehen, da sich dann die negative Beziehung zwischen Saturn und Venus voll auswirkt. Disziplin und Verlässlichkeit werden Sie nicht um ihrer selbst willen aufrechterhalten können, sondern letztlich nur durch eine innere Überzeugung und die Verantwortung, die Sie für sich selbst und andere übernehmen. Streben Sie danach, von anderen als verlässlicher, verantwortungsbewusster Mensch wahrgenommen zu werden. Wenn Sie diese Werte fest in Ihr Selbstbild integrieren, können Sie Ihre inneren Widersprüche ausgleichen und zu mehr Zufriedenheit kommen.

Nach außen hin erscheinen Sie durch die Platzierung von Mars im Haus des Ruhmes sehr motiviert, maskulin und aktiv. Mars wird durch Saturn im Haus der Extreme unterstützt, der Verantwortungsbewusstsein und Disziplin zu Ihrer äußeren Erscheinung beitragen kann. Hierauf ist jedoch nicht wirklich Verlass, da Saturn im Haus der Extreme und als Feind der Venus nicht stetig funktionieren kann. Sie kommunizieren mit der Welt vor allem durch Ihre Arbeit und Karriere (Mars und Saturn in den äußeren Häusern) und mögen Ihre inneren Werte (Mond und Jupiter in den inneren Häusern) hinter Ihrer Geschäftigkeit in diesem Bereich verbergen.

Die Sonne im Haus der Führung gibt Ihnen eine königliche Haltung, die sich jedoch auch als Stolz und selbstisches Gehabe äußern mag. Sie denken sehr selbstzentriert und finden Ihre Motivation hauptsächlich in Ihrem eigenen Interesse. Dadurch sind Konflikte in der Beziehung mit anderen bereits vorprogrammiert. Es fällt Ihnen schwer, andere neben sich als gleichberechtigte Partner gewähren zu lassen, und versuchen Dinge im Wesentlichen im Alleingang zu bewerkstelligen. Damit können Sie zwar einiges erreichen, Sie gelangen jedoch auch schnell an Ihre natürlichen Grenzen.

In sozialen Angelegenheiten fühlen Sie sich nicht so zu Hause und erfahren die Welt häufig als einen bedrohlichen Ort. Sie müssen sich auch vor spontanen Wutausbrüchen und impulsiven oder aggressiven Reaktionen anderen gegenüber hüten, vor allem, wenn jemand Ihr Ego angreift oder Ihr Selbstinteresse in Frage stellt. Häufig bereuen Sie im Nachhinein Ihre impulsive Reaktion und haben in der betroffenen Beziehung viel Schaden angerichtet. Versuchen Sie, solche Situationen zu vermeiden, indem Sie weniger impulsiv reagieren und sofort die Notbremse ziehen, sobald Sie Zorn oder Wut in sich aufsteigen fühlen.

Ihre Gefühlswelt (Mond im Haus der Ideale) beschützen Sie so gut, dass es für andere, die nicht zu Ihren engsten Vertrauten gehören, schwierig ist, einen intensiveren Austausch mit Ihnen zu pflegen, der auch die emotionale Ebene mit einbezieht. Sie selbst wünschen sich ebenfalls einen besseren Kontakt zu Ihren eigenen Gefühlen.

Da sich auch Jupiter auf der rechten Seite Ihres Horoskops befindet, die den inneren Menschen repräsentiert, dominiert der Konflikt oder die Polarität von Jupiter und Mond Ihr Bewusstsein. Der Mond steht für die Subjektivität der Liebe und Jupiter für die Objektivität der Wahrheit. Dieser Widerspruch mag sich in Ihrem Inneren als Ärger oder Zorn aufstauen, wenn Sie Liebe und Wahrheit für sich selbst nicht vereinen können.

Merkur kann sich im Haus der Unbeständigkeit nicht seinem kommunikativen Wesen entsprechend entfalten. Zwar kann er sich durch Saturn im Arbeitsumfeld und durch die Tätigkeiten des Mars nach außen hin ausdrücken, doch fehlt ihm der direkte soziale Kontakt. Ihr gesamtes Kommunikationsverhalten ist widersprüchlich, so dass Sie manchmal als ein ausgezeichneter, zuweilen aber als völlig unzuverlässiger Kommunikationspartner in Erscheinung treten. In allen von Merkur beherrschten Lebensbereichen, wie der Wahrnehmung der Realität und deren sprachliche Darstellung, begegnen Sie inneren Widersprüchen und Unzulänglichkeiten, die Ihr ganzes Leben anhalten.

Sie können Ihren Intellekt optimal inspirieren und aus seiner prekären Lage befreien, indem Sie ihn mit kulturellen, künstlerischen, musischen und kreativen Inhalten und Themen füttern. Geben Sie ihm Freiraum und versetzen Sie ihn in einen kreativen Funktionsmodus. Gelingt Ihnen das, so sollten Sie das Ergebnis dieser Auseinandersetzung in konkrete Projekte umsetzen, um so mit der äußeren Welt zu kommunizieren.

Mit Sonne im Haus der Führung und Saturn und Jupiter an der Basis des Horoskops in den Häusern der Extreme und der Störung, haben Sie die besten Voraussetzungen für ein erfolgreiches spirituelles Leben. Hierzu müssen Sie das Streben der Sonne, sich selbst zu verwirklichen, mit der Suche Jupiters nach Wahrheit und Saturns Drang zu dienen verbinden, um auf dem spirituellen Weg voranzukommen.

Durch die Zusammenarbeit dieser drei Planeten sind Sie im Allgemeinen stark mit einer höheren oder inneren Führung verbunden und handeln häufig nach einem höheren Plan. Auch mögen Sie Dinge häufig erahnen. Sie haben tiefe Fragen, die sich zumeist im Lauf der Zeit aus dem Grund Ihres eigenen Selbst heraus beantworten.

Sonntag im Venusjahr

	Führung	
	Sonne*	
Ruhm	**Reichtum**	**Ideale**
Mars *Feind*	Venus *Neutral*	Mond *Neutral*
Extreme	**Unbeständigkeit**	**Störung**
Saturn *Positiv*	Merkur *Negativ*	Jupiter *Freund*

Hans-Ullrich Klose · Boris Jelzin
Dustin Hoffman · Marie Antoinette
Teilhard de Chardin · Ernst Albrecht
Vereinigte Staaten von Amerika

Venusjahre

1895 · 1902 · 1909 · 1916 · 1923 · 1930 · 1937 · 1944 · 1951
1958 · 1965 · 1972 · 1979 · 1986 · 1993 · 2000 · 2007 · 2014
(jeweils vom 15. April bis 14. April des nächsten Jahres)

Einzelkämpfer/in mit Inspiration

Sie besitzen Selbstbewusstsein und Willensstärke und können in Ihrem Kreis Menschen führen. Sie haben die Anlagen einer sehr starken Persönlichkeit, die letztlich nur nach ihrer eigenen Inspiration erfolgreich handeln kann. Es fällt Ihnen sehr schwer, etwas zu tun oder zu befolgen, was andere Ihnen sagen oder auftragen wollen. Sie funktionieren ganz und gar auf der Grundlage Ihrer eigenen inneren Überzeugung. Sie müssen das Gefühl haben, dass der Impuls zum Handeln tatsächlich von Ihnen selbst kommt.

Wenn es um Arbeit, Disziplin und Verantwortung geht, tun Sie entweder des Guten zu viel oder aber zu wenig. Den goldenen Mittelweg zu finden gelingt Ihnen kaum. Auch Ihre Fähigkeit, Dinge zu beobachten, in Worte zu fassen und anderen mitzuteilen, schwankt extrem. Manchmal entgehen Ihnen die offensichtlichsten Dinge, während Ihnen in bestimmten Bereichen alles bewusst ist. Häufig reagieren Sie auf äußere Eindrücke sehr impulsiv und unüberlegt, so dass Sie dies später bereuen mögen. Man nimmt Sie anders wahr, als Sie sind, vor allem

Ihre energische Art der Selbstdarstellung und Ihre Motive mögen missverstanden werden. Ihre Ausbildung mag nicht glatt verlaufen, da möglicherweise Ihr Verhältnis zu Lehrern nicht ganz unproblematisch ist. Ihr Vater mag in Ihrem Leben eine dominante Rolle spielen.

Reisen gehört zu Ihren Lieblingsbeschäftigungen. Wirklich zufrieden werden Sie aber durch Kreativität, Harmonie, Schönheit, Liebe, Erotik, Kunst, Musik usw., da Sie eine tiefe Wertschätzung für alle Ausdrucksformen weiblicher Energie haben. Frauen werden Ihnen auch helfen Ihre Aufgaben zu erfüllen, vor allem wenn Sie sich in einer Führungsposition befinden.

Ihre Gesundheit ist im Allgemeinen gut. Vielleicht ist die Leber geschwächt. Sie streben nach Frieden, Ausgeglichenheit und Meditation, können durch dieses Ideal aber selbst keine Zufriedenheit erlangen. Ihre eigene Kreativität und Impulsivität mag Ihnen hier im Wege stehen.

Aufgabe: Ihre Einschätzungen und Entscheidungen sollten Sie stets sorgsam prüfen. Schaffen Sie in Ihrem Leben und in Ihrer Arbeit ein flexibles und ausgewogenes Verhältnis zwischen Disziplin, Beständigkeit und Struktur auf der einen und Kreativität, Spontaneität und Genuss auf der anderen Seite. Sie mögen Ihren eigenen Gefühlen zu viel Bedeutung beimessen. Versuchen Sie, mehr auf die Bedürfnisse anderer einzugehen. Nutzen Sie Ihre Intelligenz, um Ihre Stimmungen zu beherrschen. Hierzu müssen Sie Ihre Gefühle und Ihren Verstand in Einklang bringen. Geben Sie Ihren Beziehungen und den schönen Aspekten des Lebens mehr Raum. Unterstützen und helfen Sie Frauen in Ihrem Umfeld. Hierdurch können Sie Ihre impulsive und teils aggressive Art, nach außen hin zu reagieren, transformieren und Ihre starken männlichen Energien ins Gleichgewicht bringen. Wenn Sie in einer Führungsposition sind, sollten Sie Ihren Mitarbeitern mehr Freiheit geben, wie sie ihre Aufgaben kreativ lösen können. Auch sollten Sie mit Menschen generell mehr Geduld haben. Lassen Sie sich vom Rat guter Freunde leiten. Lernen Sie vor allem, Ihre starken Energien und Leidenschaften auf das Wesentliche auszurichten und zu konzentrieren.

Entwickeln Sie ein stärkeres Verantwortungsgefühl und mehr Dienstbereitschaft.

Montag im Venusjahr

	Führung	
	Sonne *Neutral*	
Ruhm	**Reichtum**	**Ideale**
Mars *Negativ*	**Venus** *Neutral*	**Mond***
Extreme	**Unbeständigkeit**	**Störung**
Saturn *Neutral*	**Merkur** *Freund*	**Jupiter** *Positiv/Feind*

Sean Connery · Rudolf Steiner · Karl Marx
Franklin D. Roosevelt · Neil Armstrong
Bob Marley · Michael Douglas · Ben Affleck
Hans C. Andersen · John D. Rockefeller
Michail Gorbatschow · Loriot

Venusjahre

1895 · 1902 · 1909 · 1916 · 1923 · 1930 · 1937 · 1944 · 1951
1958 · 1965 · 1972 · 1979 · 1986 · 1993 · 2000 · 2007 · 2014
(jeweils vom 15. April bis 14. April des nächsten Jahres)

Führer/in mit idealistischen Zielen

Sie sind intuitiv und gefühlsbetont. Sie streben intensiv nach Ihren Idealen und stecken sich hohe Ziele. Kommunikation und Humor sind Ihre Stärken, obwohl Sie manchmal sehr viel reden, ein anderes Mal es jedoch vorziehen zu schweigen. Es fällt Ihnen allerdings schwer, anderen Ihre Wertschätzung und Liebe zu zeigen und mitzuteilen. Häufig gibt es zwischen Ihren Gefühlen und Wahrnehmungen und Ihrem Handeln Blockaden und Verzögerungen, die Sie mit Hilfe gesteigerter Wachsamkeit und einem spontanen Handeln überwinden können.

Sie mögen Ihre Mutter bewundern und danach streben, wie sie zu sein. Sie fühlen sich zu emotionalen Menschen hingezogen und lieben auch eine beschützte Atmosphäre. Sie genießen es, wenn Sie einen hohen Lebensstandard besitzen, und mögen im Leben eine wichtige berufliche Position erlangen. Sie besitzen ein ausgeprägtes Selbstbewusstsein und erreichen Ihre Ziele aus eigener Kraft. Sie können andere Menschen mit Einfühlungsvermögen führen. Auch könnten Sie ein guter Redner sein und über eine scharfe Intelligenz verfügen. Wahrscheinlich reisen Sie gerne.

Wirkliche Zufriedenheit geben Ihnen Kreativität, Beziehungen, Kunst, Musik und Schönheit, während Ihnen die Sexualität hinsichtlich Ihrer eigenen Wirkung auf andere Menschen immer wieder Schwierigkeiten bereiten mag. Sie wirken zwar sexuell attraktiv, mögen jedoch diesbezüglich vor allem in Hinblick auf Ihre Motive häufig missverstanden werden. Mit Ihrer männlichen Seite stehen Sie etwas auf Kriegsfuß, während Ihre weibliche Seite harmonischer entwickelt ist. Das mag sich in einer übertriebenen Impulsivität und zuweilen auch als Aggressivität ausdrücken. Je mehr Sie Frauen Unterstützung gewähren, Ihre eigene weibliche Seite stärken und sich kreativ und künstlerisch betätigen, desto leichter wird es Ihnen fallen, diese beiden Seiten zu balancieren.

Aufgabe: Je mehr Sie Ihre Gefühle in Worte fassen und dann in Taten umsetzen, desto besser können Sie in Ihren Beziehungen bestehen. Versuchen Sie, spontan auf der Grundlage Ihrer inneren Eingebungen zu handeln. Diese weisen Ihnen zumeist den richtigen Weg. Das gilt vor allem in der Beziehung zu anderen Menschen. Lernen Sie auf gute Ratschläge zu hören, und entwickeln Sie mehr Kompromissbereitschaft. Dann können Sie für andere Verantwortung übernehmen und diese führen, vor allem wenn Sie in Sachen Disziplin, Arbeit und Organisation einen Mittelweg einschlagen. Denn in diesen Bereichen neigen Sie leicht zur Übertreibung oder aber zur Nachlässigkeit. Lernen Sie, Stress zu vermeiden, indem Sie Ihre Zeit besser planen und Ihre Energien auf das Wesentliche richten.

Handeln Sie spontan auf der Basis Ihrer Wahrnehmungen und inneren Einsichten.

Dienstag im Venusjahr

	Führung	
	Sonne *Feind*	
Ruhm	**Reichtum**	**Ideale**
Mars*	**Venus** *Freund*	**Mond** *Negativ*
Extreme	**Unbeständigkeit**	**Störung**
Saturn *Neutral*	**Merkur** *Neutral*	**Jupiter** *Neutral*

Wolfgang Amadeus Mozart · Jane Fonda
Pablo Picasso · Saddam Hussein
Richard Buckminster Fuller

Venusjahre

1895 · 1902 · 1909 · 1916 · 1923 · 1930 · 1937 · 1944 · 1951
1958 · 1965 · 1972 · 1979 · 1986 · 1993 · 2000 · 2007 · 2014
(jeweils vom 15. April bis 14. April des nächsten Jahres)

Kämpfer/in um gesellschaftliche Anerkennung

Sie sind energisch, kämpferisch, sportlich und mutig veranlagt und strahlen diese Qualitäten auch aus. Sie nehmen Ihr Schicksal selbst in die Hand und sind äußerst selbstständig. Sie sind gebildet, ehrgeizig und könnten sogar Ruhm oder Weisheit erlangen. Sie sind im Allgemeinen ein disziplinierter Arbeiter, der sich auf das Wesentliche konzentriert, können hierbei jedoch auch leicht in die Extreme gehen. Dies mag sich so äußern, dass Sie in einigen Bereichen extrem strukturiert und diszipliniert arbeiten, während Sie in anderen Lebensbereichen eher spontan und chaotisch vorgehen.

Sie streben nach Respekt und Anerkennung und sind bereit, dafür hart zu arbeiten. In Ihrer Ausbildung mag es häufige Wechsel und Veränderungen gegeben haben, und zu Ihren Lehrern haben Sie häufig ein gespanntes Verhältnis. Im Berufsleben mag es immer wieder zu Konflikten kommen, da entweder Sie mit den Autoritäten oder Ihre Mitarbeiter mit Ihnen als Autoritätsperson nicht klarkommen.

Sie bewundern Menschen, die sich um andere

kümmern und ihnen Schutz geben, können dieses Ideal jedoch selbst nur schwer verwirklichen. Ihre Kommunikation ist nicht immer zuverlässig. Auch mögen Sie sich nicht allzu sehr zu Kindern hingezogen fühlen. Sie neigen dazu, ungeduldig zu sein, und es fällt Ihnen schwer, den Rat guter Freunde anzunehmen.

Ihr Vater mag einen großen Einfluss auf Sie ausüben, wobei es zu starken Auseinandersetzungen kommen könnte. Sie müssen viel Energie aufbringen, um sich von der Dominanz Ihres Vaters zu befreien, der selten seine Zustimmung zu Ihrem Handeln gibt. Obwohl Sie zu Ihrer Mutter aufschauen und sie als Ausgleich zu Ihrem Vater sehen mögen, ist auch diese Beziehung nicht frei von emotionalen Störungen.

Sie haben einen starken Wunsch nach einer befriedigenden Sexualität und empfinden für Ihren Lebenspartner große Zuneigung und fühlen sich sehr mit ihm verbunden. Vor allem in sexuellen Beziehungen gelingt es Ihnen, Ihre Gefühle zum Ausdruck zu bringen und in Ihr Handeln einfließen zu lassen. Dazu haben Sie eine ausgeprägte Wertschätzung für das Schöne und können dieses durch Ihre Kreativität zum Ausdruck bringen.

Aufgabe: Sie müssen unbedingt lernen, den Rat wohlmeinender Freunde zu suchen und auch anzunehmen. Wenn Sie zusätzlich danach streben, in den

Bereichen Arbeit, Disziplin, Durchhaltevermögen und Verantwortung stetiger zu werden, können Sie Menschen effektiver führen und inspirieren. Disziplin und Pflichtbewusstsein in der Arbeit helfen Ihnen auch dabei, trotz der häufig fehlenden Bestätigung durch Autoritäten oder Ihren Vater, zum Erfolg zu kommen. Sowohl die Bestätigung und der Erfolg in Ihrer Arbeit als auch Ihre emotionale Verwirklichung in sexuellen Beziehungen sind für Sie von großer Bedeutung, um sich aus der dominanten Kontrolle durch Ihren Vater zu befreien. Ihre größte Quelle innerer Zufriedenheit liegt in persönlichen Beziehungen, Liebe, Genuss, Ästhetik, Musik, Kunst und in allem, was das Leben schöner, harmonischer und angenehmer macht. Hierin liegen Ihr großes Talent und Ihre große Chance.

Stärken Sie mit einer disziplinierten Umsetzung von Kreativität und Kunst Ihre eigene Identität.

Mittwoch-Vormittag
im Venusjahr

	Führung	
	Sonne *Negativ*	
Ruhm	**Reichtum**	**Ideale**
Mars *Neutral*	Venus *Positiv*	Mond *Freund*
Extreme	**Unbeständigkeit**	**Störung**
Saturn *Neutral*	Merkur* 	Jupiter *Neutral*

Alexander Graham Bell

Venusjahre

1895 · 1902 · 1909 · 1916 · 1923 · 1930 · 1937 · 1944 · 1951
1958 · 1965 · 1972 · 1979 · 1986 · 1993 · 2000 · 2007 · 2014
(jeweils vom 15. April bis 14. April des nächsten Jahres)

Kreative Persönlichkeit
mit Blick für das Neue

Ihr Leben wird durch Ihre große Neugierde und Wissbegierde geprägt. Sie brauchen ständig neue Erlebnisse und Situationen, in denen Sie lernen und neue Erfahrungen sammeln können. Dadurch erfahren Sie in Ihrem Leben jedoch auch eine erhebliche Unbeständigkeit und Wechselhaftigkeit. Sie mögen vor allem in Ihrer Jugend viel umgezogen sein oder generell häufig Ihre Lebenssituation, Lebenspartner, berufliche Laufbahn etc. wechseln. Sie besitzen eine stark ausgeprägte Wertschätzung für das Schöne und Harmonische in Ihrer Umgebung und können damit kreativ umgehen und es in Gedanken und Worte fassen. Sie haben das Talent, den einfachsten und direkten Weg herauszufinden, anstatt Dinge unnötig zu komplizieren. Sie verfügen über gute Kommunikationsfähigkeiten, die Ihnen aber nicht immer zu Diensten stehen. Menschen schätzen Sie für Ihre ausgewogenen Ratschläge.

Auf intellektuellem Gebiet sind Sie sehr aktiv und produktiv und besitzen vielleicht auch Talent fürs Schreiben, Lehren und Vortragen. Selten gelingt es Ihnen jedoch, Ihren Geist auf ein Thema zu fokussieren. Denn dieser lässt sich nicht eingrenzen, sondern liebt es, sich mit allen möglichen Themen zu beschäftigen, offen für neue Dinge zu sein und sich seine eigene Meinung zu bilden.

Ihre Mutter mag für Sie ein Ideal darstellen, während Sie mit Ihrem Vater und anderen Autoritätspersonen im Konflikt liegen. Nach außen hin erscheinen Sie mutig, kämpferisch und materialistisch. Ihre wahre kreative Seite mag anderen jedoch verborgen bleiben.

In Ihrem Leben wird es viele Veränderungen geben. Auch Gesundheit und Wohlstand mögen ständigen Schwankungen unterliegen. Sie könnten unter Nervosität leiden und sich zu häufig nach dem richten, was andere von Ihnen verlangen. In einem späteren Lebensabschnitt könnten Sie eine Lehrtätigkeit ausüben.

Aufgabe: Für Sie ist es wichtig, immer wieder Situationen zu finden, in denen Sie lernen und neue Erfahrungen machen können. Das müssen nicht Schule oder Universität sein, doch brauchen Sie eine Atmosphäre, die Ihre Wissbegier stimuliert und zufrieden stellt. Vor allem der künstlerisch-ästhetische Bereich des Lebens stellt für Ihren wachen und offenen Intellekt die richtige Nahrung dar.

Es mag Ihnen nicht immer leicht fallen, sich anderen verständlich zu machen, doch Sie sollten unbedingt lernen, die auftretenden Missverständnisse mit Humor zu nehmen. Je mehr Sie Ihren natürlichen Humor entwickeln, desto weniger werden Sie unter schwierigen sozialen Umständen leiden. Als Ausgleich brauchen Sie Zeit für sich selbst. Lesen Sie auch viel, obwohl Sie eher sozial orientiert sind. Am wichtigsten ist es für Sie, eine harmonische Umgebung zu schaffen, tiefe Gespräche in Ihren Beziehungen zu pflegen, sich mit Kunst und Musik zu beschäftigen und Ihrer weiblichen Seite genug Raum zur Entfaltung zu gewähren. Frauen werden Ihnen immer behilflich sein, und Sie sollten sie ebenfalls fördern und unterstützen.

Suchen Sie eine Umgebung, die Ihre Lust auf Neues und Ihren Schönheitssinn befriedigt.

Mittwoch-Nachmittag
im Venusjahr

	Führung	
	Sonne *Neutral*	
Ruhm	**Reichtum**	**Ideale**
Mars *Positiv*	Venus *Neutral*	Mond *Neutral*
Extreme	**Unbeständigkeit**	**Störung**
Saturn *Freund*	Rahu*	Jupiter *Negativ*

*Francois Mitterand · Daniel Cohn-Bendit
Virginia Woolf · Dante Alighieri · James Joyce*

Venusjahre

1895 · 1902 · 1909 · 1916 · 1923 · 1930 · 1937 · 1944 · 1951
1958 · 1965 · 1972 · 1979 · 1986 · 1993 · 2000 · 2007 · 2014
(jeweils vom 15. April bis 14. April des nächsten Jahres)

Macher/in mit Entschlusskraft

Sie sind entschlossen, in Ihrem Handeln direkt und besitzen klare Vorstellungen, was Sie im Leben erreichen wollen. Sie können mit Disziplin und Durchhaltevermögen große Dinge verrichten und werden hierbei immer wieder aufs Ganze gehen. Haben Sie sich einmal für etwas entschieden, so verfolgen Sie Ihr Ziel geradlinig. Hindernisse auf dem Weg können Sie leicht überwinden, weswegen man sich Ihnen nicht in den Weg stellen sollte.

Eine Ihrer Stärken liegt darin, organisiert und strukturiert zu arbeiten und Menschen mit Verantwortungsbewusstsein und Autorität zu führen. Ihr starkes Selbstbewusstsein kommt Ihnen dabei zugute. Sie haben den Mut, Dinge zu tun, die andere strikt vermeiden würden. Sie leben Ihr Leben auf Ihre eigene Weise und sind schwer zu manipulieren. Versucht man dieses trotzdem, gibt es im Allgemeinen ein böses Erwachen.

Ihr Wesen wird durch ein starkes Ungleichgewicht zwischen Ihrer äußeren Entschlossenheit und Ihren inneren Kämpfen und Widersprüchen geprägt. Es fällt Ihnen schwer, Ihre Gefühle und Ihr Urteilsvermögen miteinander in Einklang zu bringen. Nach außen hin wirken Sie energisch, kämpferisch, mutig und sportlich und hinterlassen bei anderen einen guten Eindruck. Doch tragen Sie im Inneren Konflikte zwischen Ihrem sehr unzuverlässigen Urteilsvermögen und Ihrer isolierten Gefühlswelt aus. Selten stimmen Ihre Gefühle mit Ihren Plänen, Bewertungen und Erklärungen überein, vielmehr kämpfen diese um die Vorherrschaft. Wird Ihr Weltbild in Frage gestellt, flüchten Sie sich zuweilen in übertriebene Selbstgerechtigkeit.

Schwierigkeiten mögen Ihnen im Bereich der Ausbildung begegnen und auch zu Ihren Lehrern haben Sie häufig keine gute Beziehung. Ihre Gesundheit und Ihr Wohlstand mögen Schwankungen unterliegen. Auch könnten Sie unter Nervosität leiden. Die Leber oder die Bauchspeicheldrüse sind Ihre körperlichen Schwachstellen.

Aufgabe: Häufig sind Sie fest davon überzeugt, vernünftig und rational zu handeln, selbst wenn alle anderen das Gegenteil glauben. Stimmen Sie Ihre Erklärungsmodelle immer wieder mit Ihrem Herz und Ihrem hohen Anspruch an persönliche Integrität ab. Auch müssen Sie lernen, auf gute Ratschläge zu hören. Zufriedenheit erlangen Sie vor allem durch Beziehungen, Harmonie, eine angenehme Umgebung, Schönheit, Musik, Kultur und Liebe. Sie werden von Frauen Unterstützung bekommen, sollten dafür jedoch auch Frauen in Ihrem Umfeld helfen und sie fördern.

Stimmen Sie Ihr Weltbild immer wieder mit Ihrem Herzen und Ihrer persönlichen Integrität ab.

Donnerstag im Venusjahr

	Führung	
	Sonne *Freund*	
Ruhm	**Reichtum**	**Ideale**
Mars *Neutral*	**Venus** *Neutral*	**Mond** *Positiv/Feind*
Extreme	**Unbeständigkeit**	**Störung**
Saturn *Neutral*	**Merkur** *Negativ*	**Jupiter***

Marlon Brando · Jack Nicholson · Jim Morrison
Max Bircher-Benner · Fürst Rainier von Monaco

Venusjahre

1895 · 1902 · 1909 · 1916 · 1923 · 1930 · 1937 · 1944 · 1951
1958 · 1965 · 1972 · 1979 · 1986 · 1993 · 2000 · 2007 · 2014
(jeweils vom 15. April bis 14. April des nächsten Jahres)

Individualist/in mit Hang zu Dominanz und Selbstgerechtigkeit

Sie besitzen Autorität und Selbstbewusstsein und können daher für andere Menschen Verantwortung übernehmen. Verbinden Sie dies mit einer disziplinierten und strukturierten Arbeitsweise, so können Sie auch Ihrem eigenen Leben zu mehr Stetigkeit verhelfen. Eine Ihrer Stärken liegt darin, organisiert und strukturiert zu arbeiten und Menschen mit Verantwortungsbewusstsein und Autorität zu führen. Ihr starkes Selbstbewusstsein kommt Ihnen dabei zugute. Sie verstehen es im Allgemeinen gut, Ihren Verstand auf Kosten Ihrer emotionalen Empfindungen durchzusetzen, und lassen häufig keine effektive Kommunikation zwischen diesen beiden zu. Herz und Verstand miteinander in Einklang zu bringen, ist sicherlich eine der größten Herausforderungen Ihres Lebens. Sie erreichen im Leben Ihre Ziele im Allgemeinen aus eigener Kraft und haben es nicht leicht, mit anderen zusammenzuarbeiten.

Zufriedenheit und inneres Glück erlangen Sie, indem Sie Ihren kreativen und spontanen Neigungen folgen. In der Wahrnehmung der Schönheit und Harmonie Ihrer Umgebung liegt eine Ihrer großen Stärken, was Ihnen auch künstlerische Talente verleihen mag.

Nach außen hin wirken Sie energisch, kämpferisch, mutig und sportlich. Bei anderen hinterlassen Sie einen guten Eindruck. Schwierigkeiten mögen Ihnen im Bereich der Ausbildung begegnen und auch zu Ihren Lehrern könnten Sie keine gute Beziehung haben.

Ihr Vater mag in Ihrem Leben eine dominante Rolle spielen, während die Beziehung zu Ihrer Mutter zwei Seiten hat. Sie mögen zu Ihrer Muter aufschauen, leiden jedoch darunter, selbst ihrem Ideal nicht gerecht werden zu können. In der Kindheit mögen Sie häufiger umgezogen sein, einige Krankheiten erduldet und das Gefühl der Heimatlosigkeit besessen haben. Generell könnten Sie im Leben viele Wechsel erfahren und auch eine schwankende Gesundheit besitzen. Obwohl Sie viele Veränderungen erfahren dürften, sind Sie ein Mensch des Wissens, der im Leben ständig dazulernt und anderen als Ratgeber zur Seite stehen kann.

Schwierigkeiten erfahren Sie immer wieder durch die Unbeständigkeit Ihrer Kommunikation. Manchmal sind Sie äußerst kontaktfreudig, doch zumeist sind Sie entweder nicht zu erreichen oder finden nicht den rechten Kontakt zu Ihren Kommunikationspartnern.

Aufgabe: Versuchen Sie, Ihre Gefühle aufmerksam zu beobachten, zu verstehen und zu Ihrem eigenen

Verständnis in Worte zu fassen. Beziehen Sie die emotionale Wirklichkeit und auch Ihre unbewusste Wertschätzung für alles Schöne, Harmonische und Liebenswerte in Ihr Welterklärungsmodell und Ihre Philosophie mit ein. Dieser Integrationsprozess muss bewusst reflektiert geschehen.

Hüten Sie sich vor übertriebener Selbstgerechtigkeit, um persönliche und emotionale Isolation und ein Gefühl der inneren Leere zu vermeiden. Hinterfragen Sie kritisch Ihren Anspruch auf Dominanz und Ihre fehlende Empfänglichkeit für Anregungen oder Feedback von außen. Wichtig ist es für Sie, Ihre Emotionen mit Ihren Lebensplänen in Einklang zu bringen. Sie müssen lernen, auf gute Ratschläge zu hören. Zufriedenheit erlangen Sie vor allem durch Beziehungen, Harmonie, eine angenehme Umgebung, Schönheit, Musik, Kultur und Liebe. Sie werden von Frauen Unterstützung bekommen, sollten dafür jedoch auch Frauen in Ihrem Umfeld helfen und sie fördern.

Werden Sie sich über Ihre eigene Gefühlswelt und die Bedürfnisse anderer bewusst und gewähren Sie diesen mehr Einfluss in Ihrem Leben.

Freitag im Venusjahr

	Führung	
	Sonne *Neutral*	
Ruhm	**Reichtum**	**Ideale**
Mars *Freund*	**Venus***	**Mond** *Neutral*
Extreme	**Unbeständigkeit**	**Störung**
Saturn *Negativ/Feind*	**Merkur** *Positiv*	**Jupiter** *Neutral*

*Madonna · Clint Eastwood
Antony Hopkins · George VI
Eric Clapton · Michael Jackson
Katja Ebstein*

Venusjahre

1895 · 1902 · 1909 · 1916 · 1923 · 1930 · 1937 · 1944 · 1951
1958 · 1965 · 1972 · 1979 · 1986 · 1993 · 2000 · 2007 · 2014
(jeweils vom 15. April bis 14. April des nächsten Jahres)

Künstler/in mit
Sinn fürs Praktische

Sie genießen in Ihrem Leben ein hohes Maß an Identität zwischen Ihren Werten und dem, was Ihnen wirklich Zufriedenheit schenkt. Sie haben die Fähigkeit, Ihre Intuition und Gefühle kreativ auszudrücken und die Welt aktiv nach Ihren Eingebungen zu gestalten. Sie verstehen es, sich dem Leben als Erfahrung und Wertschätzung ganz hinzugeben. In Ihrem bewussten Handeln können Sie einen praktischen Ausgleich zwischen den kreativen, spontanen und künstlerischen Impulsen und dem strukturierten, disziplinierten und konservativen Aspekt Ihres Bewusstseins schaffen.

Ihnen wird im Leben viel Respekt und Anerkennung entgegengebracht. Sie sind großzügig, besitzen spirituelle Neigungen und stecken sich hohe und edle Ziele. Sie besitzen ein feines Wesen, eine klare äußere Erscheinung und verbreiten in Ihrer Umgebung Harmonie und Freude. Sie begeistern sich für Kunst, Musik und Kultur und erfahren vor allem durch diese Aspekte des Lebens innere Zufriedenheit. Die weiblichen und männlichen Aspekte Ihrer Persönlichkeit sind gleichermaßen entwickelt und harmonisch. Nach außen hin erscheinen Sie energisch, kämpferisch, sportlich und motiviert und machen generell auf andere einen guten und motivierenden Eindruck. Sie besitzen Humor, mögen Kinder und haben gute analytische und kommunikative Eigenschaften, die Ihnen jedoch nicht immer zu Diensten sind. Sie haben auch einen sechsten Sinn für Geldangelegenheiten und kommen im Allgemeinen in keine finanziellen Schwierigkeiten.

Schwierigkeiten mögen Ihnen im Bereich der Ausbildung begegnen, und auch zu Ihren Lehrern mögen Sie keine gute Beziehung haben. Eine Ihrer Schwächen liegt darin, dass Sie in Punkto Arbeit, Disziplin, Organisation und Ordnung von einem Extrem ins nächste schwanken mögen und dadurch Ihre an sich guten Führungsqualitäten beeinträchtigt werden. Auch könnten so Disharmonien entstehen, die Ihr ausgeprägtes Harmonieempfinden stören.

Aufgabe: Sie sind in dieser Welt, um die Schönheit und Harmonie in Ihrer Umgebung wertzuschätzen und in Ihrem Handeln der Welt als positives Feedback zurückzugeben. Sie sollten Ihre starken physischen und mentalen Energien nutzen, um Klarheit, Struktur und Verlässlichkeit zu entwickeln. Lernen Sie vor allem, auf den Rat guter Freunde zu hören.

Sie besitzen Autorität und Selbstbewusstsein und können daher für andere Menschen Verantwortung übernehmen. Verbinden Sie dies mit einer disziplinierten und strukturierten Arbeitsweise, so können Sie auch Ihrem eigenen Leben zu mehr Stetigkeit verhelfen.

Achten Sie vor allem in der Kommunikation mit Frauen auf Klarheit und fördern Sie diese, um selbst mehr innere Verlässlichkeit zu entwickeln.

Verbinden Sie Ihren kreativen und spontanen Selbstausdruck mit Ihrem Anspruch nach Struktur und Disziplin durch Ihr praktisches Handeln.

Samstag im Venusjahr

	Führung	
	Sonne *Positiv*	
Ruhm	**Reichtum**	**Ideale**
Mars *Neutral*	Venus *Negativ/Feind*	Mond *Neutral*
Extreme	**Unbeständigkeit**	**Störung**
Saturn*	Merkur *Neutral*	Jupiter *Neutral*

Jamie Lee Curtis · James Dean
Henry Kissinger · Robin Williams

Venusjahre

1895 · 1902 · 1909 · 1916 · 1923 · 1930 · 1937 · 1944 · 1951
1958 · 1965 · 1972 · 1979 · 1986 · 1993 · 2000 · 2007 · 2014
(jeweils vom 15. April bis 14. April des nächsten Jahres)

Workaholic mit starkem Selbstbewusstsein

Für Sie gibt es kein Mittelmaß. Sie streben immer nach den Extremen und gehen im Allgemeinen aufs Ganze. Das gilt vor allem in den Bereichen Organisation, Ordnung, Strukturen, Arbeit und Pflichtbewusstsein. Sie mögen ein Workaholic sein, worunter auch Ihre Beziehungen leiden können. Auch werden Sie dadurch kaum innere Zufriedenheit erlangen können. Sie besitzen ein starkes Selbstbewusstsein und gute Führungsqualitäten, da andere Menschen Sie als Autorität akzeptieren. Ihre Stärke liegt hierbei in einer Kombination aus autoritärer Führungsstärke, disziplinierter Arbeit und dem Befolgen guter Ratschläge, die für Ihren Erfolg essenziell sind.

Sie mögen in Ihrem Leben eine tief greifende Trennung zwischen Ihrem persönlichen Zentrum der Zufriedenheit und Ihrem Wertesystem erfahren. Während Sie den freien Fluss kreativer Energien erfahren möchten, verlangt Ihre persönliche Energie nach einem strukturierten, pflichtbetonten und konzentrierten Arbeiten, das sich an den bestehenden Bedürfnissen und weniger an spontanen Visionen und Wahrnehmungen orientiert. Sie sind auf diese Weise ein verlässlicher und verantwortlicher Mensch, werden damit Ihren eigenen Bedürfnissen nach innerer Befriedigung jedoch nicht gerecht. Sie fühlen sich häufig begrenzt und leiden an übertriebener Ernsthaftigkeit.

In Ihrer Kindheit und Jugend mögen Sie mehrfach Unfälle und Krankheiten erlitten haben. In späteren Lebensphasen wird sich diese Neigung jedoch legen, und Sie erfahren eine stetige Verbesserung der Lebensumstände.

Schwierigkeiten mögen jedoch entstehen, wenn Sie es versäumen, die Frauen in Ihrer Umgebung mit einzubeziehen und zu fördern. Ohne deren Unterstützung werden Sie vielleicht äußerlich erfolgreich, jedoch nicht dauerhaft zufrieden sein.

Aufgabe: Unterstützen Sie mit Hilfe Ihres Ordnung schaffenden Wesens Ihre spontane und kreative Seite, um eine Form zu finden und Ihre Ideen zu sortieren. Auf diese Weise werden Ihre abstrakten Vorstellungen auf eine konkrete Ebene geholt, auf der sie von anderen wertgeschätzt werden können. Nehmen Sie alles mit mehr Humor und schaffen Sie sich einen Freiraum, in dem Sie nicht aus Pflicht oder Wettbewerb, sondern aus Freude an der Tätigkeit selbst handeln oder spielen.

Sie mögen Ihre weniger entwickelte weibliche Seite nicht in angemessener Weise nutzen. Unterstützen

Sie diese durch eine zu allen Seiten und für alle Meinungen offene Geisteshaltung, tiefe Gespräche und indem Sie sehr viel Aufmerksamkeit auf Ihre Kommunikation und Korrespondenz richten. Lesen Sie zum Ausgleich auch einmal Bücher, die nicht nur den Intellekt, sondern vor allem auch den Gefühlsbereich und die Intuition ansprechen. Auch Schreiben und Vortragen sind gut für Sie. Vor allem müssen Sie sich unbedingt immer wieder genügend Zeit für sich selbst, für Beziehungen, Kunst, Musik, Kultur und die schönen Aspekte des Lebens nehmen. Nur so finden Sie auch in Ihrer Arbeit wirkliche Zufriedenheit.

Schaffen Sie sich einen Freiraum, in dem Sie aus Freude handeln.

Die Saturn-Familie

	Führung	
	Mond	
Ruhm	**Reichtum**	**Ideale**
Merkur	Saturn	Mars
Extreme	**Unbeständigkeit**	**Störung**
Sonne	Jupiter	Venus

Saturnjahre

1896 · 1903 · 1910 · 1917 · 1924 · 1931 · 1938 · 1945 · 1952
1959 · 1966 · 1973 · 1980 · 1987 · 1994 · 2001 · 2008 · 2015
(jeweils vom 15. April bis 14. April des nächsten Jahres)

Mit Saturn im Haus des Reichtums dreht sich in Ihrem Leben vieles um die Arbeit, die für Ihre Zufriedenheit eine wesentliche Rolle spielt. Saturn repräsentiert jedoch auch das Karma der Vergangenheit, das Sie immer wieder einholt und mit unerledigten Dingen konfrontiert. Sie haben daher die große

Möglichkeit, durch Ihre Arbeit karmische Verstrickungen zu lösen. Hierzu ist es wichtig, dass die Arbeit in einem Bewusstsein der Verantwortung und Pflichterfüllung geschieht und zum Allgemeinwohl beiträgt.

Sie besitzen Disziplin, Ausdauer und ein starkes Durchhaltevermögen. Selbst wenn Ihnen einmal die Kraft ausgeht, können Sie gleich wieder ansetzen und einen zweiten Anlauf nehmen. Da Saturn eine starke Tendenz zur Entsagung hat und sich zu materiellem Genuss nicht so stark hingezogen fühlt wie andere Planeten, können Sie seine Energie auch für Ihr spirituelles Leben nutzen, indem Sie alles vermeiden, was Sie zu stark an die Materie bindet, und sich das Herz für das Wesentliche freihalten.

Saturn ist der Planet der Verantwortung und Verlässlichkeit. Das sind sicherlich Ihre starken Seiten. Sie sollten sich jedoch davor hüten, Ihrer Tendenz freien Lauf zu lassen, für alles die Verantwortung übernehmen zu wollen, selbst wenn es gar nicht in Ihrem Verantwortungsbereich liegt. Sie mögen das aus einem Gefühl der Unterwürfigkeit oder Demut heraus tun, das Ihrem Ego (Sonne im Haus der Extreme) nicht behagt. So mag es dann zu einem Konflikt zwischen Ihrem Ego (Sonne) und Ihrem energetischen Zentrum (Saturn) kommen. Wahre Demut zu kultivieren, ist jedoch ebenfalls ein wichtiger Schritt in ein erfülltes spirituelles Leben.

Mit dem Mond im Haus der Führung sind es Ihre Gefühle und Ihre Intuition, die Ihnen im Leben die

Richtung angeben. Sie mögen sich darüber gar nicht bewusst sein, da Ihnen Ihre starke emotionale Seite bereits zur zweiten Natur geworden ist. Sie sind sehr einfühlsam und mögen auch feinstofflichen Energien und Einflüssen gegenüber sehr offen sein. Vielleicht besitzen Sie sogar mediale Fähigkeiten. In jedem Fall müssen Sie lernen, diese ständig einströmenden Eindrücke in Ihren an sich sehr pragmatischen Lebensansatz zu integrieren. Sie mögen zuweilen so stark mit Emotionen und intuitiven Eindrücken konfrontiert werden, dass Sie sich davor schützen müssen und sich dann emotional abkapseln. Das hängt jedoch vor allem davon ab, ob der Mond Ihrem Geburtsplaneten freundlich, neutral oder feindlich gesonnen ist. Im Allgemeinen können Sie sich jedoch auf die Führung durch Ihre Intuition und Ihre Gefühle verlassen. Sie geben Ihnen eine verlässlichere Führung als Ihr rationales Urteilsvermögen, das durch Jupiter im Haus der Unbeständigkeit repräsentiert wird.

Wichtig ist es für Sie jedoch, Ihre emotionale (Mond) und objektiv planende Seite (Jupiter) miteinander zu verbinden, um keinen inneren Zwiespalt aufkommen zu lassen, der entsteht, wenn sich die Intelligenz von den im Horoskop höher stehenden Emotionen zurückgesetzt fühlt. Nutzen Sie Saturns Fähigkeit, klare innere Verhältnisse zu schaffen, um den beiden ihren angemessenen Platz zuzuweisen. Entwickeln Sie klare Spielregeln für das Zusammenspiel von Kopf und Herz.

Ist Jupiter oder Mars Ihr Geburtsplanet, so nimmt der Mond eine feindliche bzw. negative Position in Ihrem Horoskop ein. Sie mögen dann eine gewisse Angst oder Abneigung gegenüber den vom Mond repräsentierten Lebensbereichen haben. Gerade in diesem Fall ist es wichtig, dass Sie sich mit Hilfe der Neugierde und Kommunikationsfähigkeit des Merkurs mit Ihren Emotionen und Eingebungen verbinden und diese als wertvoll ansehen.

Der Mond im Haus der Führung gibt Ihnen ein Ausgleich schaffendes Wesen, das nicht notwendigerweise nach Dominanz strebt, es sei denn, der Einfluss der Sonne im Haus der Extreme ist stärker als der des Mondes. Der Mond hat ein mütterliches Wesen, das im Gegensatz zur Sonne nicht nach Sieg und Herrschaft strebt, sondern bereit ist, Autorität an andere abzugeben, um diese zu fördern. Sie mögen daher nicht selbst nach Macht streben, sondern andere in solche Positionen bringen. Dies mag Sie wiederum in innere Konflikte bringen, da Sonne und Jupiter, die sich in den unteren Häusern, das heißt eher im unbewussten, dunklen Bereich Ihres Bewusstseins befinden, sich selten mit einem solchen Autoritätsverlust abfinden. Sie mögen sich dann im Nachhinein als Opfer betrachten und sich zurückgesetzt fühlen. So mag es immer wieder zu Spannungen zwischen dem mütterlichen Mond, der aus Mitleid mit anderen Bedürftigen teilen möchte, und der dominanten Sonne geben.

Irgendwann mag es in Ihrem Leben so weit kommen, dass Ihr Ego (die Sonne im Haus der Extreme) es nicht mehr erträgt, nicht genügend Macht und Dominanz ausüben zu können. Das mag sich dann in extremen Entladungen des Ego äußern. Diese Gefahr besteht vor allem, da Ihre Sonne im Haus der Extreme dazu führen mag, dass sich Ihre Identität und Ihr Selbstbewusstsein zuweilen ganz aus Ihrem Bewusstsein verabschieden und die Vorherrschaft dem Saturn (Pflicht und Dienst) und dem Mond (Emotionen, Intuition, ausgleichendes und umsorgendes Prinzip) übergeben.

Jupiter, der den Lebensplan und das philosophische Verständnis der Wirklichkeit repräsentiert, befindet sich im Haus der Unbeständigkeit, weshalb er nicht immer in der Lage ist, Ihnen den richtigen Lebensplan zu zeigen und Identität, Verantwortung, Gefühlen und Ego die richtigen Positionen zuzuweisen. Es fällt Ihnen nicht leicht, Ihre Lebensaufgabe zu finden.

Mit Merkur im Haus des Ruhmes beherrschen Sie es ausgezeichnet, sich auszudrücken und Menschen dadurch zu beeindrucken. Sie erscheinen anderen als sehr intelligent und flexibel und sind nach außen hin sehr kommunikativ. Merkur befindet sich hier in einer ausgezeichneten Position, um die Kreativität und Intuition des Mondes zu verstehen, zum Ausdruck zu bringen und anderen mitzuteilen. Mit Humor, Witz und Charme haben Sie die Fähigkeit, andere zu beeinflussen. Dadurch besitzen Sie ein einnehmendes und überzeugendes Wesen.

Ihre Sonne im Haus der Extreme weist darauf hin, dass Sie ein komplexes Ego besitzen, das Sie leicht in eine echte Identitätskrise stürzen kann. In jedem Fall pendeln Sie zwischen extremen Gefühlen, die von Minderwertigkeitskomplexen bis zur Selbstüberschätzung reichen können. Ihr Ego mag vor allem dann in eine schwerwiegende Krise geraten, wenn Energien von Mars und Venus in Ihrem Inneren beeinträchtigt werden. Das geschieht, wenn es Schwierigkeiten in der Partnerschaft und Sexualität gibt, jedoch auch dann, wenn Ihre körperlichen Ausdrucksmöglichkeiten (Mars) beispielsweise durch Krankheiten eingeschränkt sind.

Auf der rechten Seite Ihres Horoskops, das Ihrem Inneren entspricht, befinden sich Mars und Venus. Sexualität ist Ihr Weg, mehr über sich selbst herauszufinden. Sie betrachten daher Ihre Sexualität, mit der Sie sich sehr intensiv beschäftigen, als reine Privatsache, die Sie vor der äußeren Welt gut verbergen mögen. Saturn im Haus der inneren Zufriedenheit mag Ihre diesbezüglichen Gefühle oder Neigungen missbilligen, was zu inneren Konflikten oder Verdrängungen führen kann. Da Venus im Haus der Störung steht, sind Sie auch in Beziehungen weniger romantisch als praktisch eingestellt und haben die Tendenz, Ihre weibliche Seite zu vernachlässigen.

Sonntag im Saturnjahr

	Führung	
	Mond *Neutral*	
Ruhm	**Reichtum**	**Ideale**
Merkur *Negativ*	**Saturn** *Positiv*	**Mars** *Feind*
Extreme	**Unbeständigkeit**	**Störung**
Sonne*	**Jupiter** *Freund*	**Venus** *Neutral*

Ronald Reagan · Ron L. Hubbard
Oscar Wilde

Saturnjahre

1896 · 1903 · 1910 · 1917 · 1924 · 1931 · 1938 · 1945 · 1952
1959 · 1966 · 1973 · 1980 · 1987 · 1994 · 2001 · 2008 · 2015
(jeweils vom 15. April bis 14. April des nächsten Jahres)

Macher/in mit dem Streben nach Macht und Weisheit

Für Sie gibt es kein Mittelmaß. Sie streben immer nach den Extremen und gehen im Allgemeinen aufs Ganze. Dies mag vor allem für Ihre Beziehung zur Macht oder zu Autoritäten wie Vater, Vorgesetzte oder Staat gelten. In jedem Fall besitzen Sie eine starke Persönlichkeit, leben ein selbstbestimmtes Leben und haben ein ausgeprägtes Selbstbewusstsein, das jedoch unter widrigen Umständen in Minderwertigkeitskomplexe oder Selbstzweifel umschlagen kann.

Arbeit stellt Sie zufrieden. Disziplin, Verlässlichkeit, Konzentration auf das Wesentliche und die Bewahrung des Gegebenen sind zentrale Themen in Ihrem Leben. Sie bewundern kämpferische, dynamische und mutige Menschen, doch Ihnen selbst gelingt es kaum, diesem Ideal zu entsprechen.

Nach außen hin können Sie sich nicht entsprechend Ihrer wirklichen Persönlichkeit darstellen. Vor allem Ihre Worte kommen bei anderen häufig ganz anderes an, als sie gemeint sind. Wundern Sie sich auch nicht, wenn nicht jeder Ihren Humor teilen kann. Sie mögen Gespräche und Kommunikation mit anderen sogar als Zeitverschwendung betrachten, wenn Sie das Thema nicht als wichtig und notwendig ansehen.

Ihre Mutter mag in Ihrem Leben eine wichtige Rolle spielen. Während Ihr Vater wahrscheinlich sehr streng auftritt, wird Ihre Mutter alles für Sie tun. In Ihrer frühen Kindheit und Jugend mögen Sie Unfällen und Krankheiten gegenüber anfällig gewesen sein. Als Erwachsener erfahren Sie wahrscheinlich eine stete Verbesserung Ihrer Lebensumstände.

Aufgabe: Sie strahlen in der Regel Würde und Autorität aus, können jedoch plötzlich Schwäche und Zweifel zeigen und auf diese Weise sich selbst und Ihre Umgebung frustrieren. Um diese Schwankungen zu reduzieren, sollten Sie vor allem in Ihren engeren Beziehungen auf Korrektheit, Ehrlichkeit und einen hohen moralischen Standard achten. Werden Sie Ihrer Verantwortung gegenüber anderen Menschen gerecht, so stabilisieren sich hierdurch auch Ihr Selbstbewusstsein, Ihre Autorität und Ihre Wirkung nach außen.

Eine starke Betonung des physischen und kämpferischen Aspekts mag Ihre Persönlichkeit allzu selbstzentriert erscheinen lassen. Zum Ausgleich sollten Sie daher den intuitiven, sanften, beziehungsorientierten Aspekt Ihrer Persönlichkeit stärken. Beschäftigen Sie sich mit Kunst, Kultur und Musik, nehmen Sie sich mehr Zeit für Ihre Beziehungen, versuchen

Sie andere zu verstehen und ihnen zu helfen. Entwickeln und nutzen Sie Ihre Intuition, die Ihnen vor allem bei Führungsaufgaben von unschätzbarem Wert sein kann. Seien Sie wohltätig und sanftmütig, um Ihre leidenschaftliche Individualität auszugleichen. Wichtig ist es für Sie auch, einen klaren Lebensplan zu entwickeln, um Ihrem Streben nach Macht und Autorität einen tieferen Sinn zu geben.

Verstehen Sie die Welt und Ihre Beziehung zu ihr, damit Sie sich selbst besser verstehen und wertschätzen können.

Montag im Saturnjahr

	Führung	
	Mond*	
Ruhm	**Reichtum**	**Ideale**
Merkur	Saturn	Mars
Freund	*Neutral*	*Negativ*
Extreme	**Unbeständigkeit**	**Störung**
Sonne	Jupiter	Venus
Neutral	*Positiv/Feind*	*Neutral*

C. G. Jung · Wilhelm Pieck
Indira Gandhi · Johannes Brahms

Saturnjahre

1896 · 1903 · 1910 · 1917 · 1924 · 1931 · 1938 · 1945 · 1952
1959 · 1966 · 1973 · 1980 · 1987 · 1994 · 2001 · 2008 · 2015
(jeweils vom 15. April bis 14. April des nächsten Jahres)

Denker/in mit Intuition und Kreativität

Sie besitzen eine emotionale, intuitive und nach innen gerichtete Persönlichkeit, sind jedoch durchaus in der Lage, in der Gesellschaft, im Freundes- oder Bekanntenkreis oder im Beruf Führungsaufgaben zu erfüllen. Sie mögen zu energischen, mutigen und kämpferischen Menschen aufschauen und ihnen nacheifern, obwohl dieses Streben oft in Konflikt mit Ihrer emotionalen Seite steht. Sie sind extrem offen und empfänglich für feinstoffliche und emotionale Einflüsse von außen, was es aber zumeist sehr schwer für Sie macht, Ihre eigenen Gefühle und Intuitionen von diesen äußeren Einflüssen zu unterscheiden. Disziplin, Organisation und Pflichtbewusstsein sind zentrale Themen in Ihrem Leben. Sie sind ein harter Arbeiter und orientieren sich eher an konservativen Werten.

Ihr Idealismus und Ihre fürsorgliche Natur werden von anderen zuweilen ausgenutzt, was Sie dazu bringen mag, sich als Opfer zu fühlen. Als Selbstschutz bauen Sie einen Verteidigungswall um sich herum auf, den Sie später mühsam wieder aufbrechen müssen. Hierbei kann Ihnen Ihre Gabe des kreativen

Ausdrucks behilflich sein, denn Sie können Ihre Gefühle und Einsichten hervorragend in Worte fassen und anderen mitteilen.

Der geistige Aspekt des Lebens motiviert Sie stärker als andere Lebensbereiche. Nach außen hin erscheinen Sie als ein brillanter Denker, guter Redner und als humorvoll. Ihre Intentionen werden von den Menschen im Allgemeinen gut verstanden und positiv aufgenommen. Sie mögen auch als Schriftsteller oder für Ihre intellektuellen Errungenschaften bekannt werden. Sie werden von anderen unter Umständen ebenso als religiöser oder spiritueller Mensch angesehen. Ihr Selbstbewusstsein könnte aber starken Schwankungen unterliegen. Auch die Beziehungen zu Autoritäten, der Staatsgewalt oder Ihrem Vater könnten sich extrem gestalten. Vielleicht wurden Sie früh von Ihrem Vater getrennt. Er mag auch sehr streng gewesen sein. Ihre Mutter hat in Ihrem Leben wahrscheinlich einen sehr großen und positiven Einfluss.

Aufgabe: Um sich innerlich zu ordnen und Ihre eigenen Gefühle wahrnehmen zu können, müssen Sie sich von äußeren Eindrücken zurückziehen und inneren Frieden einkehren lassen. Betonen Sie stärker den sanften, auf geistige Werte gerichteten Weg. Geben Sie sich Zeit für Beziehungen und übernehmen Sie für andere Verantwortung. Je mehr man sich auf Sie verlassen kann, desto stärker profitieren Sie selbst in allen Lebensbereichen. In Beziehungsfragen stoßen Sie immer wieder auf Schwierigkeiten, die Sie am besten lösen können, wenn Ihre männliche und weibliche Seite harmonisch zusammenarbeiten.

Leben Sie im offenen Dialog mit der Welt unter Einbeziehung Ihres emotionalen und kreativen Selbstausdrucks. Das ist Ihr bester Schutz gegen negative emotionale und feinstoffliche Einflüsse.

Dienstag im Saturnjahr

	Führung	
	Mond *Negativ*	
Ruhm	**Reichtum**	**Ideale**
Merkur *Neutral*	Saturn *Neutral*	Mars*
Extreme	**Unbeständigkeit**	**Störung**
Sonne *Feind*	Jupiter *Neutral*	Venus *Freund*

Aleister Crowley · Henry Ford · John F. Kennedy
Vladimir Putin · Franz Beckenbauer · Umberto Eco
Liza Minnelli · Jimmy Carter · Papst Pius XII

Saturnjahre

1896 · 1903 · 1910 · 1917 · 1924 · 1931 · 1938 · 1945 · 1952
1959 · 1966 · 1973 · 1980 · 1987 · 1994 · 2001 · 2008 · 2015
(jeweils vom 15. April bis 14. April des nächsten Jahres)

Kämpfer/in mit konservativer Grundhaltung

Ihre Natur ist kämpferisch, energisch, mutig und leidenschaftlich. Sie besitzen sehr viel Energie und setzen diese ein, um Ihre Ideale zu verwirklichen. Ihre eigene emotionale Sensibilität und Intuition mögen Sie als eine Schwäche und Bedrohung wahrnehmen. Sie könnten stattdessen verstärkt Ihre Aggressivität einsetzen, die Sie jedoch nur selten Ihr Ziel erreichen lässt. Sie besitzen einen hohen Lebensstandard und mögen im Leben eine wichtige berufliche Position erlangen. Ihr Selbstbewusstsein ist extrem ausgeprägt oder besonders labil und kann sich in Form eines starken Ego als Ihr eigener Feind herausstellen. Störungen könnten Ihnen durch Frauen, Beziehungen oder durch Disharmonien und Unklarheiten begegnen.

Nach außen hin erscheinen Sie als ein guter Redner, als humorvoll, scharfsinnig, offen, sozial und vielleicht sogar religiös. Schwierigkeiten und Unstetigkeit erfahren Sie in den Bereichen Ausbildung, Moral und Recht. Ihre Beziehung zu Ihren Eltern ist wahrscheinlich gespannt. Beide werden einen großen Einfluss auf Ihr Leben ausüben, der jedoch auch

Konflikte mit sich bringt. Vielleicht werden Sie früh vom Vater getrennt oder dieser ist sehr dominant und herrisch.

Sexualität ist in Ihrem Leben sehr wichtig, da Ihr Körper und der Ausdruck Ihrer Körperlichkeit den stärksten Einfluss auf Ihr Denken und Fühlen haben. Sie identifizieren sich stark mit Ihrem Körper und erwarten von sich ein hohes Maß an physischen Aktivitäten. Sie nehmen Ihre eigene Kraft entweder durch Sexualität wahr oder indem Sie sich gegen andere behaupten und durchsetzen.

Aufgabe: Überwinden Sie unnötigen Stolz, indem Sie Demut, Verantwortung und Pflichtbewusstsein zeigen. Zufriedenheit erlangen Sie durch Ihre Arbeit und durch Aufgaben im Bereich Management und Organisation. Wenn Sie Ihre leidenschaftliche, kämpferische und physisch betonte Seite mit Disziplin und Ernsthaftigkeit paaren, können Sie auch den Konflikt zwischen Ihrem Ego und Ihrer intuitiven Seite überwinden. Konzentrieren Sie sich auf das Wesentliche und eignen Sie sich mehr Konsequenz und Disziplin an. Nutzen Sie Ihre größten Trümpfe: Entschlossenheit, Kraft und Mut gepaart mit Disziplin und Güte.

Stabilisieren Sie besonders Ihre Beziehungen, indem Sie sich mehr für sie einsetzen. Auch im künstlerischen Bereich können Sie Ihre Energie nutzbringend investieren. Machen Sie sich Ihre Intuition und feinstoffliche Wahrnehmung zu einem Freund und integrieren Sie diese als ein positives Werkzeug in Ihr Leben.

Nutzen Sie Ihre Leidenschaft und kämpferische Energie für ernsthafte und sinnvolle praktische Projekte.

Mittwoch-Vormittag
im Saturnjahr

	Führung	
	Mond *Freund*	
Ruhm	**Reichtum**	**Ideale**
Merkur*	Saturn *Neutral*	Mars *Neutral*
Extreme	**Unbeständigkeit**	**Störung**
Sonne *Negativ*	Jupiter *Neutral*	Venus *Positiv*

Konrad Adenauer · Johann Wolfgang von Goethe

Saturnjahre

1896 · 1903 · 1910 · 1917 · 1924 · 1931 · 1938 · 1945 · 1952
1959 · 1966 · 1973 · 1980 · 1987 · 1994 · 2001 · 2008 · 2015
(jeweils vom 15. April bis 14. April des nächsten Jahres)

Vermittler/in mit kreativem und strukturiertem Denken

Sie besitzen ein starkes Mitteilungsbedürfnis, das von einem nicht abreißenden Strom kreativer Ideen, Bilder und Eindrücke gespeist wird. Sie haben jedoch auch den Drang und die Fähigkeit, abstrakte Konzepte und Ideen zu vereinfachen und in klarer Sprache darzustellen, zu erklären und zu konkretisieren. Die Menschen nehmen Sie als einen hervorragenden Redner, als sozial eingestellt, weltoffen und humorvoll wahr. Sie sind beliebt und mögen sogar sehr bekannt sein. Auf intellektuellem Gebiet sind Sie sehr aktiv und produktiv und besitzen vielleicht auch Talent fürs Schreiben, Lehren und Vortragen. Sie reisen gerne und möchten die ganze Welt kennen und verstehen lernen. Sie haben den Wunsch, alles aus erster Hand zu erfahren, anstatt nur darüber zu hören. Ihr Geist lässt sich kaum auf ein Thema begrenzen und Sie sind stets offen für neue Dinge, über die Sie sich dann Ihre eigene Meinung bilden.

Sie fühlen sich berufen, Missverständnisse in der Welt auszuräumen und zwischen streitenden Parteien zu vermitteln. Sie besitzen zudem eine sehr scharfe Zunge, die Sie als Waffe einsetzen, wenn Sie sich verteidigen müssen. Sie haben ein ausgeprägtes Unterscheidungsvermögen und einen gut entwickelten analytischen Verstand. Auch in den Bereichen Kommunikation und Öffentlichkeitsarbeit mögen Sie sehr talentiert sein.

Ihr Schicksal nehmen Sie selbst in die Hand und sind äußerst selbstständig. Sie sind gebildet, mutig, ehrgeizig, strebsam und können Ruhm oder Weisheit erlangen. Sie besitzen eine ausgeprägte Intuition, die Sie leiten und Ihnen helfen kann, andere Menschen zu führen. Ihr Organisationstalent und Ihr Pflichtbewusstsein, vor allem im beruflichen Bereich, prädestinieren Sie für Führungsaufgaben. Ihr Selbstbewusstsein und Ihr Geltungsbedürfnis mögen extreme Züge annehmen und Sie mit Autoritäten oder Ihrem Vater in Konflikt bringen. Übermäßiger Stolz kann Sie zu Fehlentscheidungen verleiten.

Aufgabe: Stimmen Sie Ihre Entscheidungen immer auch mit Ihrer Intuition und Ihren Gefühlen ab. Berücksichtigen Sie dabei vor allem das Wohl anderer und machen Sie Güte zu Ihrem wichtigsten Handlungsprinzip. Da Ihr Rechtsempfinden manchmal unzuverlässig ist, sollten Sie sich stets darum bemühen, einen ethisch einwandfreien Weg einzuschlagen.

Außerdem sollten Sie sich mehr Zeit für sich selbst nehmen und viel lesen. Körperliche Aktivität und

Bewegung wird auch Ihre Kreativität und Spontaneität stärken. Verleihen Sie Ihrer inneren Kreativität und Spontaneität einen möglichst praktischen Ausdruck, um sie mit Ihrer disziplinierten und strukturierten Grundhaltung zu versöhnen.

Bringen Sie Ihre kreativen Eingebungen so konkret und klar wie möglich zum Ausdruck.

Mittwoch-Nachmittag
im Saturnjahr

	Führung	
	Mond *Neutral*	
Ruhm	**Reichtum**	**Ideale**
Rahu*	Saturn *Freund*	Mars *Positiv*
Extreme	**Unbeständigkeit**	**Störung**
Sonne *Neutral*	Jupiter *Negativ*	Venus *Neutral*

Auguste Renoir · Christopher Reeve · Jack London
Stanislav Grof · R. W. Fassbinder · Ludwig Erhard

Saturnjahre

1896 · 1903 · 1910 · 1917 · 1924 · 1931 · 1938 · 1945 · 1952
1959 · 1966 · 1973 · 1980 · 1987 · 1994 · 2001 · 2008 · 2015
(jeweils vom 15. April bis 14. April des nächsten Jahres)

Macher/in mit Pioniergeist

Sie besitzen eine entschlossene, direkte, ehrliche und mutige Natur und trauen sich häufig Dinge, vor denen viele zurückschrecken. Von anderen lassen Sie sich nicht manipulieren und wirken nach außen hin draufgängerisch, energisch und aktiv. Von Ihren Mitmenschen erwarten Sie ebenfalls ein direktes und ehrliches Verhalten.

Sie sind Ihrer Arbeit sehr hingegeben, wobei Sie die Fähigkeit besitzen, die Zusammenhänge und Strukturen der Ihnen anvertrauten Projekte genau zu verstehen und zu analysieren. Häufig finden Sie überraschende neue Wege, um bestehende Strukturen zu vereinfachen oder vollständig zu reformieren. Dabei mögen Sie jedoch auch grob und wenig respektvoll sein, was andere vor den Kopf stößt. Es fällt Ihnen schwer, anderen Ihre Einsichten und Motive verständlich mitzuteilen. Vor allem mit schriftlichen Mitteilungen können Sie große Missverständnisse erzeugen.

Ihr Schicksal nehmen Sie selbst in die Hand und sind äußerst selbstständig. Sie sind gebildet, mutig, ehrgeizig, strebsam und können Ruhm oder Weisheit erlangen. In Ihrem Beruf arbeiten Sie hart, diszipliniert und mit ausgeprägtem Pflichtbewusstsein. Dinge zu bewahren, zu strukturieren und zu organisieren gibt Ihnen Zufriedenheit, ebenso wie das Gefühl, anderen zu dienen, Ihre Pflicht zu erfüllen und Dinge zum Abschluss zu bringen. Sie schauen zu Menschen auf, die Kraft, Energie, Mut, Motivation und Initiative ausstrahlen und streben selbst nach diesen Eigenschaften. Sie hinterlassen in der Öffentlichkeit einen starken Eindruck und können Ihre Botschaften eindrucksvoll äußern. Selten werden Sie jedoch von anderen verstanden. Darüber hinaus sind Sie belesen und besitzen ein ausgeprägtes Urteilsvermögen. Es mag auch sein, dass Sie als religiös oder spirituell eingestellter Mensch angesehen werden.

Ihr Selbstvertrauen mag jedoch extremen Zuständen ausgesetzt sein. Es kann zwischen Minderwertigkeitskomplexen und Selbstüberschätzung schwanken. Das Gleiche gilt für die Beziehung zu Ihrem Vater und Autoritäten, Ihrem eigenen Streben nach Macht und Einfluss und Ihrem spirituellen Streben. In diesen Bereichen mögen Sie nach dem Prinzip „Alles oder nichts" handeln. Ihre Mutter, Ihre Emotionen und Ihre Intuition spielen in Ihrem Leben eine dominante Rolle.

Aufgabe: Je mehr Sie selbst für Ihre Ideale mutig und entschlossen eintreten, desto besser bekommen

Sie auch Ihren stark schwankenden Beziehungs- und Gefühlsbereich in den Griff. Auch Ihre Beziehung zu Frauen oder Ihre eigene weibliche Seite sowie Harmonie und Klarheit in Ihrem Leben werden dadurch gefördert. Sie können die Kraft Ihres Selbstvertrauens, Ihrer Autorität und Ihres Verantwortungsbewusstseins mit Intuition und Fürsorge verbinden, um andere Menschen zu führen und Ihre Beziehungen zu verbessern. Wichtig ist es dabei für Sie, Güte, Mitgefühl und Harmonie zu praktizieren.

Überwinden Sie die Isolation Ihrer weiblichen Seite, indem Sie Ihre Gefühle und Kreativität betonen.

Donnerstag im Saturnjahr

	Führung	
	Mond *Positiv/Feind*	
Ruhm	**Reichtum**	**Ideale**
Merkur *Neutral*	Saturn *Neutral*	Mars *Neutral*
Extreme	**Unbeständigkeit**	**Störung**
Sonne *Freund*	Jupiter* 	Venus *Neutral*

George Bush (Sen.) · Martin Heidegger
Hans Apel · Sarah Ferguson · Charubel
Dean Martin · Theodor Fontane
George Orwell · Johnny Cash

Saturnjahre

1896 · 1903 · 1910 · 1917 · 1924 · 1931 · 1938 · 1945 · 1952
1959 · 1966 · 1973 · 1980 · 1987 · 1994 · 2001 · 2008 · 2015
(jeweils vom 15. April bis 14. April des nächsten Jahres)

Sucher/in mit
bewahrendem Denken

Von Ihrem Wesen her stehen Sie der Welt eher nüchtern und distanziert gegenüber und versuchen, die teilweise chaotisch erscheinenden Puzzleteile des Lebens in eine erkennbare Ordnung zu bringen. Es ist Ihnen wichtig, das Muster und den Sinn des Lebens zu erkennen und sich selbst darin eindeutig zu positionieren. Sie lieben Gerechtigkeit und Wahrheit, mögen aber in Ihrem eigenen Leben gerade in diesen Bereichen an inneren Widersprüchen leiden. Es mag Ihnen nicht leicht fallen, nach Ihren eigenen Idealen zu handeln. Sie sind intelligent und philosophisch, vielleicht sogar spirituell orientiert und werden von anderen Menschen als guter Freund und Ratgeber geschätzt. Sie lernen gerne und beschäftigen sich mit Wissen und Weisheit.

Ihr Selbstbewusstsein mag besonders stark ausgeprägt sein und Ihnen unter Umständen große Autorität verleihen. Wenn Sie zusätzlich Ihre Intuition und Ihre Gefühle als Freund und Ratgeber gewinnen, können Sie eine starke Führungsrolle spielen, wenn es darauf ankommt. Disziplin, Konzentration auf das Wesentliche und ein konservatives Wesen insbesondere in Bezug auf moralische Belange, die Kultivierung von Wissen, Weisheit und Spiritualität und Ihre Beziehung zu Lehrern helfen Ihnen, emotionale Irritationen zu vermeiden und Ihre persönliche Integrität zu stärken.

In Ihrem Beruf sind Sie diszipliniert, konservativ, hart arbeitend und können klare Strukturen und Organisationsformen schaffen. Sie treten nach außen hin als guter Redner auf, der gerne kommuniziert, einen sozialen, offenen und humorvollen Eindruck macht. Ihr Vater mag in Ihrem Leben eine wichtige Rolle spielen.

Ihre Gesundheit und Ihr Wohlstand könnten häufigen Schwankungen unterliegen. Auch mögen Sie nervösen Spannungen unterliegen und sich häufig nach dem richten, was andere von Ihnen wollen. In einem späteren Lebensabschnitt könnten Sie eine Lehrtätigkeit ausüben.

Aufgabe: Wichtig ist es für Sie, mit Hilfe Ihrer inneren Weisheit, die Ihnen Ihren klaren Lebensplan und den Sinn Ihrer Existenz vor Augen führt, Ihr Ego vor Extremen zu bewahren und zu disziplinieren. Sie bewundern kämpferische, mutige und energische Menschen und eifern ihnen nach. Auch wenn Sie Ihren eigenen Ansprüchen hierbei nicht immer gerecht werden, sollten Sie Ihre Energien immer wieder einsetzen, um Harmonie zu schaffen, Ihre

Beziehungen zu pflegen, Gerechtigkeit und Moral zu wahren und Frauen zu unterstützen oder Ihre eigene weibliche Seite zu entwickeln. Versuchen Sie, andere besser zu verstehen, und respektieren Sie, dass diese vielleicht eigene Wege einschlagen möchten, um mit Ihnen ein gemeinsames Ziel zu erreichen.

Übersetzen Sie Ihrem Verstand Ihre Gefühle in eine verständliche Sprache.

Freitag im Saturnjahr

	Führung	
	Mond *Neutral*	
Ruhm	**Reichtum**	**Ideale**
Merkur *Positiv*	Saturn *Negatv/Feind*	Mars *Freund*
Extreme	**Unbeständigkeit**	**Störung**
Sonne *Neutral*	Jupiter *Neutral*	Venus*

Rainer Maria Rilke · Osho
Paul Hubschmid · Ludwig Wittgenstein

Saturnjahre

1896 · 1903 · 1910 · 1917 · 1924 · 1931 · 1938 · 1945 · 1952
1959 · 1966 · 1973 · 1980 · 1987 · 1994 · 2001 · 2008 · 2015
(jeweils vom 15. April bis 14. April des nächsten Jahres)

Vermittler/in mit unkonventioneller Kreativität

Sie sind ein Mensch, der nach Schönheit, Harmonie und Klarheit strebt und gerne die künstlerische und angenehme Seite des Lebens auslebt. Sie nehmen die Schönheit und Harmonie in Ihrer Umgebung, in der Natur, Kultur, in anderen Menschen und in der Liebe wahr und können diese zutiefst wertschätzen. Doch gerade mit dieser Wertschätzung oder Ihrem Versuch, Schönheit, Harmonie und Liebe zu kreieren, erfahren Sie vielerlei Störungen. Ihr Geschmack mag zu ungewöhnlich oder gar bizarr sein. Auch in Beziehungen und durch Frauen erfahren Sie immer wieder Enttäuschungen.

Sie mögen beliebt oder sogar berühmt sein und nach außen hin als sehr intelligent, weise und humorvoll sowie als guter Redner und offener Geist angesehen werden. Sie können andere Menschen verstehen und gelten als verlässlicher Ratgeber. Sie haben die Fähigkeit, Ihre Emotionen, Intuitionen und inneren Bilder, die unablässig fließen, ungehindert zu kommunizieren. Sie werden stark von Ihren Gefühlen und Ihrer Intuition geleitet, wobei jedoch auch Ihr ausgeprägtes Selbstbewusstsein und Ihre

Willensstärke die Führung übernehmen können. Dann entscheiden Sie häufig nach dem Motto „Alles oder nichts".

Sie schauen zu Menschen auf, die Energie, Kraft, Mut und Enthusiasmus besitzen, und möchten selbst gerne diese Eigenschaften erlangen. Doch es gelingt Ihnen kaum, durch Ihre Tätigkeiten wirklich Zufriedenheit zu erlangen. Häufig fehlt es Ihnen an Durchhaltevermögen, Disziplin oder Konzentration, um ein gutes Ergebnis zu erzielen. Eigentlich brauchen Sie klare Strukturen und eine äußerst verantwortungsbewusste Herangehensweise ans Leben, um zufrieden zu sein. Wenn Sie allerdings diese Prinzipien konsequent praktizieren, gerät Ihr spontanes, kreatives Wesen völlig aus dem Gleichgewicht.

Wahrscheinlich haftet Ihnen ein Gefühl der Heimatlosigkeit an, das sich äußerlich darin ausdrücken mag, dass Sie in Ihrem Leben häufig umziehen. Dies gilt besonders für die Kindheit, in der Sie darüber hinaus häufig krank gewesen sein mögen. Sie sind von Natur aus weichherzig und gütig und wollen anderen Menschen helfen, haben jedoch nicht immer die Kraft dazu, da Sie selbst das Gefühl haben, Hilfe zu brauchen. Während sich Ihre maskuline Seite leichter durchsetzen kann, erleben Sie mit Ihrer femininen Seite einen ständigen Konflikt. Diese leidet vor allem unter Ihrer Neigung, Dinge zu strukturieren und zu ordnen, und sucht immer nach der Freiheit, sich spontan und kreativ entfalten zu können. Diese Entfaltung wird ihr jedoch nur dann gelingen, wenn sie sich in Form praktisch nachvollziehbarer und umsetzbarer Tätigkeiten äußert.

Aufgabe: Aktivieren Sie Ihr mitfühlendes Wesen und setzen es in ein praktisches, aktiv gelebtes Mitgefühl um, so können Sie aus der Frustration Ihrer weiblichen Energie herauskommen. Auch ein aktives Engagement im Bereich Kunst und Kultur mag Ihnen dabei helfen. Es fällt Ihnen nicht leicht, den richtigen Plan für Ihr Leben zu finden bzw. einen einmal eingeschlagenen Weg auch konsequent zu verfolgen. Setzen Sie sich klare Ziele, stärken Sie Ihre Willenskraft und nutzen Sie Ihre Intuition, um Ihre Wünsche zu verwirklichen. Je mehr Energie Sie einsetzen, um sich anderen Menschen zuzuwenden, desto eher stabilisieren Sie sich selbst.

Vereinigen Sie Ihre männlichen und weiblichen Anteile zu einer Energie, die sich im Außen realisieren kann.

Samstag im Saturnjahr

	Führung	
	Mond *Neutral*	
Ruhm	**Reichtum**	**Ideale**
Merkur *Neutral*	Saturn*	Mars *Neutral*
Extreme	**Unbeständigkeit**	**Störung**
Sonne *Positiv*	Jupiter *Neutral*	Venus *Negativ/Feind*

Adolf Hitler · Igor Strawinsky
Mutter Theresa · Martin Luther

Saturnjahre

1896 · 1903 · 1910 · 1917 · 1924 · 1931 · 1938 · 1945 · 1952
1959 · 1966 · 1973 · 1980 · 1987 · 1994 · 2001 · 2008 · 2015
(jeweils vom 15. April bis 14. April des nächsten Jahres)

Formgeber/in im Spannungsfeld der Gegensätze

Ihre Herangehensweise an das Leben und an die Arbeit ist konservativ und durch das Prinzip der Verantwortung geprägt. Sie erreichen Ihre Ziele und damit innere Zufriedenheit durch disziplinierte Arbeit, Pflichtbewusstsein und Standhaftigkeit. Sie stecken sich ehrgeizige Ziele und streben diese konsequent an. Am besten funktionieren Sie in gut vorausgeplanten Situationen, wo nichts dem Zufall überlassen bleibt. Auch besitzen Sie ein enormes Durchhaltevermögen und haben in Ihrem Leben einen starken Bezug zu einer Vorsehung, die Ihr Leben in einen größeren Zusammenhang stellt. Sie sind stetig, loyal und pflichtbewusst und erwarten das auch von anderen.

Sie besitzen ein ausgeprägtes Selbstbewusstsein und eine extreme Willensstärke, die Sie nach dem Motto „Alles oder nichts" leitet. Unter geeigneten Umständen zeigen Sie enorme Führungsqualitäten, die Sie jedoch oft auch im Stich lassen. Es fällt Ihnen nicht immer leicht, den rechten Weg und Ihre eigene Bestimmung zu finden. Auch in der Ausbildung mögen Sie Enttäuschungen und starke Schwankungen erleben. Sie können den Rat guter Freunde und kompetenter Personen schwerlich annehmen und stehen auch mit Ihren Lehrern möglicherweise in einem Spannungsverhältnis.

Nach außen hin erscheinen Sie als ein guter Redner und scharfer Denker und gelten als sozial und offen. Auch werden Ihnen Respekt und Achtung entgegengebracht. Ihre wahren Motive werden jedoch nur von den wenigsten Menschen verstanden. Sie bewundern an Menschen deren Kampfgeist, Mut, Kraft und Energie und streben selbst auch nach diesen Eigenschaften. Sie können sie jedoch nur zu einem geringen Maß selbst verwirklichen.

Ihr Vater mag in Ihrem Leben eine besonders strenge oder dominante Rolle spielen, während Ihre Mutter Sie eher unterstützt und motiviert. Ihre weibliche Seite ist nicht so stark entwickelt wie die männliche.

Aufgabe: Investieren Sie mehr Zeit in Ihre Beziehungen und versuchen Sie, Hilfsbereitschaft, Güte und Mitgefühl zu entwickeln. Setzen Sie Ihre Energien ein, um Harmonie und Schönheit zu schaffen. Auch für Kunst und Kultur sollten Sie sich einsetzen, denn sie helfen Ihnen dabei, Ihre eigene Persönlichkeit ins Gleichgewicht zu bringen. Durch Liebe und Sexualität können Sie einen harmonisierenden Ausgleich für Ihre im Außen sehr reglementierte und strukturierte Weltanschauung finden, wenn diese im richtigen Maß gelebt werden. Vermeiden Sie also sowohl Unterdrückung als auch Ausschweifung. Tun Sie außerdem etwas für Ihre Gesundheit, und machen Sie regelmäßig körperliche Übungen oder Yoga.

Entwickeln Sie Loyalität, Ernsthaftigkeit und Hingabe, die Ihnen dabei helfen, innere Widersprüche auszugleichen.

Anhang

Planetenjahre

Mit der Tabelle unten können Sie ein Jahr einem Planeten zuordnen. Beachten Sie bitte dabei, dass das burmesische Jahr am 15. April beginnt. Der 15. April 2003 wird also dem Mondjahr zugeordnet, während der 14. April 2003 noch zum Sonnenjahr gehört.

Sonnen-jahre	Mond-jahre	Mars-jahre	Merkur jahre	Jupiter-jahre	Venus-jahre	Saturn-jahre
1890	1891	1892	1893	1894	1895	1896
1897	1898	1899	1900	1901	1902	1903
1904	1905	1906	1907	1908	1909	1910
1911	1912	1913	1914	1915	1916	1917
1918	1919	1920	1921	1922	1923	1924
1925	1926	1927	1928	1929	1930	1931
1932	1933	1934	1935	1936	1937	1938
1939	1940	1941	1942	1943	1944	1945
1946	1947	1948	1949	1950	1951	1952
1953	1954	1955	1956	1957	1958	1959
1960	1961	1962	1963	1964	1965	1966
1967	1968	1969	1970	1971	1972	1973
1974	1975	1976	1977	1978	1979	1980
1981	1982	1983	1984	1985	1986	1987
1988	1989	1990	1991	1992	1993	1994
1995	1996	1997	1998	1999	2000	2001
2002	2003	2004	2005	2006	2007	2008
2009	2010	2011	2012	2013	2014	2015

Ewiger Kalender

Mit Hilfe der folgenden Tabellen finden Sie sehr einfach den zu einem bestimmten Datum gehörigen Wochentag. Nehmen wir einmal an, Sie möchten wissen, auf welchen Wochentag der 24.4.1964 fiel. Gehen Sie zunächst in der

1801-1900				1901-2036				
01	29	57	85	25	53	81	09	
02	30	58	86	26	54	82	10	
03	31	59	87	27	55	83	11	
04	32	60	88	28	56	84	12	
05	33	61	89	01	29	57	85	13
06	34	62	90	02	30	58	86	14
07	35	63	91	03	31	59	87	15
08	36	64	92	04	32	60	88	16
09	37	65	93	05	33	61	89	17
10	38	66	94	06	34	62	90	18
11	39	67	95	07	35	63	91	19
12	40	68	96	08	36	64	92	20
13	41	69	97	09	37	65	93	21
14	42	70	98	10	38	66	94	22
15	43	71	99	11	39	67	95	23
16	44	72		12	40	68	96	24
17	45	73		13	41	69	97	25
18	46	74		14	42	70	98	26
19	47	75		15	43	71	99	27
20	48	76		16	44	72	00	28
21	49	77	00	17	45	73	01	29
22	50	78		18	46	74	02	30
23	51	79		19	47	75	03	31
24	52	80		20	48	76	04	32
25	53	81		21	49	77	05	33
26	54	82		22	50	78	06	34
27	55	83		23	51	79	07	35
28	56	84		24	52	80	08	36

ersten Tabelle zu der Zeile, wo das Jahr 1964 angegeben ist. Notieren Sie die Zahl 3, die in der gleichen Zeile in der Spalte des Monats April angegeben ist. Zu dieser Zahl addieren Sie nun das Tagesdatum 24 hinzu. Mit dem Ergebnis von 27 können Sie in der Tabelle auf der nächsten Seite den Wochentag finden. Es handelte sich um einen Freitag.

J	F	M	A	M	J	J	A	S	O	N	D
4	0	0	3	5	1	3	6	2	4	0	2
5	1	1	4	6	2	4	0	3	5	1	3
6	2	2	5	0	3	5	1	4	6	2	4
0	3	4	0	2	5	0	3	6	1	4	6
2	5	5	1	3	6	1	4	0	2	5	0
3	6	6	2	4	0	2	5	1	3	6	1
4	0	0	3	5	1	3	6	2	4	0	2
5	1	2	5	0	3	5	1	4	6	2	4
0	3	3	6	1	4	6	2	5	0	3	5
1	4	4	0	2	5	0	3	6	1	4	6
2	5	5	1	3	6	1	4	0	2	5	0
3	6	0	3	5	1	3	6	2	4	0	2
5	1	1	4	6	2	4	0	3	5	1	3
6	2	2	5	0	3	5	1	4	6	2	4
0	3	3	6	1	4	6	2	5	0	3	5
1	4	5	1	3	6	1	4	0	2	5	0
3	6	6	2	4	0	2	5	1	3	6	1
4	0	0	3	5	1	3	6	2	4	0	2
5	1	1	4	6	2	4	0	3	5	1	3
6	2	3	6	1	4	6	2	5	0	3	5
1	4	4	0	2	5	0	3	6	1	4	6
2	5	5	1	3	6	1	4	0	2	5	0
3	6	6	2	4	0	2	5	1	3	6	1
4	0	1	4	6	2	4	0	3	5	1	3
6	2	2	5	0	3	5	1	4	6	2	4
0	3	3	6	1	4	6	2	5	0	3	5
1	4	4	0	2	5	0	3	6	1	4	6
2	5	6	2	4	0	2	5	1	3	6	1

Wochentage						
Sonntag	1	8	15	22	29	36
Montag	2	9	16	23	30	37
Dienstag	3	10	17	24	31	
Mittwoch	4	11	18	25	32	
Donnerstag	5	12	19	26	33	
Freitag	6	13	20	27	34	
Samstag	7	14	21	28	35	

Bitte beachten Sie, dass der Tag nach burmesischem Verständnis mit Sonnenaufgang beginnt und bei Sonnenaufgang des nächsten Tages endet.

Montag früh 3 Uhr gehört nach burmesischem Verständnis also noch zum Sonntag.

Schritt 1: Da das burmesiche Jahr jeweils bei Sonnenaufgang am 15. April unseres Kalenders beginnt und erst seit dem Jahre 639 gezählt wird, muss man ein Geburtsjahr nach einem einfachen Schlüssel in den burmesischen Kalender umrechen:

Ziehen Sie vom Geburtsjahr (Beispiel: 2. Januar 1966) 639 ab, falls der Geburtstag vor dem 15. April liegt. Falls das Datum nach dem 15. April liegt oder oder genau auf den 15. April fällt, ziehen Sie 638 von dem Geburtsjahr ab. In unserem Beispiel ergibt diese Rechnung: 1966 – 639 = 1327.

Schritt 2: Teilen Sie nun die erhaltene Zahl durch 7 und bilden Sie den Rest. Der Rest ist eine Zahl zwischen 0 und 6. In unserem Beispiel ergibt die Division durch 7 das Ergebnis 189 mit Rest 4. Diesem Rest wird der folgenden Tabelle gemäß ein Planet zugeordnet:

Rest	Planet
1	Sonne
2	Mond
3	Mars
4	Merkur
5	Jupiter
6	Venus
0 bzw. 7	Saturn

Schritt 3: Das Horoskop besteht aus sieben Häusern, die wie folgt in einem Rechteck angeordnet sind:

	Haus 7	
Haus 3	Haus 4	Haus 5
Haus 2	Haus 1	Haus 6

Platzieren Sie den in Schritt 2 ermittelten Planeten in Haus 1, also im unteren mittleren Feld, und die übrigen sechs Planeten in der folgenden Reihenfolge in den Häusern 2 bis 7:

Sonne – Merkur – Saturn – Mars
Venus – Mond – Jupiter

In unserem Beispiel ergab sich Rest 4 und damit Merkur für das erste Haus. Saturn gehört dann ins 2. Haus, Mars ins 3. Haus usw.

	Haus 7 *Sonne*	
Haus 3 *Mars*	Haus 4 *Venus*	Haus 5 *Mond*
Haus 2 *Saturn*	Haus 1 *Merkur*	Haus 6 *Jupiter*

Auf diese Weise haben wir die sieben Planeten eindeutig auf die sieben Häuser verteilt. Falls das Datum auf Mittwoch nach dem Mittag fällt, so ersetzen Sie Merkur durch den Planeten Rahu.

Schritt 4: Ermitteln Sie nun den Geburtsplaneten, also den Planeten, der den Wochentag beherrscht, auf den das Datum fällt, und markieren Sie ihn mit einem Stern. Die Person unseres Beispiels wurde am 2. Januar 1966 an einem Sonntag geboren. Ihr Geburtsplanet ist damit die Sonne, die im Geburtshoroskop im 7. Haus steht.

	Haus 7 *Sonne**	
Haus 3 *Mars*	Haus 4 *Venus*	Haus 5 *Mond*
Haus 2 *Saturn*	Haus 1 *Merkur*	Haus 6 *Jupiter*

Mit Schritt 4 ist das MaHaBote-Horoskop fertig erstellt.

Weitere Möglichkeiten
von MaHaBote

Über die Betrachtung des Geburtshoroskops hinaus kann man mit Hilfe von MaHaBote auch die Entwicklung der Planetenenergien und -einflüsse im Laufe eines Lebens erkennen. Für jedes Jahr wird ein neues Jahreshoroskop bestimmt, das sich mit dem Geburtshoroskop eines bestimmten Menschen in Beziehung setzen lässt.

Weiterhin entwickelt sich das ganze Leben in einem großen, 108 Jahre umfassenden Zyklus. Jedem Jahr in dem Zyklus werden zwei Planeten zugeordnet, die während dieser Zeit im Leben der betreffenden Person eine dominante Rolle spielen. Die Verbindung des Geburtshoroskops mit dem Jahreshoroskop unter Berücksichtigung der Planeten, die das jeweilige Lebensjahr der betreffenden Person beherrschen, ist ein mächtiges Werkzeug zur Voraussage der wichtigsten Entwicklungen im Leben eines Menschen.

Man kann auch die einzelnen Abschnitte des Tages den sieben Planeten zuordnen und damit detailliertere Fragen beantworten, die aus dem Geburtshoroskop allein nicht zu beantworten sind. Ebenso lässt sich mit Hilfe von MaHaBote die individuell optimale Nutzung der acht Himmelsrichtungen auf einfache Weise bestimmen.

Eine der stärksten Seiten des MaHaBote ist die Möglichkeit, die Horoskope zweier oder sogar mehrer Menschen übereinander zu legen und auf diese Weise viel über die Beziehung und Wege zur Problembewältigung in Beziehungen herauszufinden.

Die vollständigen Regeln zur Interpretation des MaHa-Bote-Horoskops, die Berechnung der Jahreshoroskope und Planetenphasen und die Bestimmung der individuellen Himmelsrichtungsqualitäten sowie die anderen hier erwähnten Techniken können Sie entweder in einem Fernstudium oder in einer Seminar-Ausbildung unter Leitung des Autors erlernen.

Das MaHaBote-Horoskop kann Folgendes:
- *Analyse des Charakters* und der energetischen Konstitution eines Menschen
- Es liefert Schlüssel, wie man die *Planetenenergien* in seinem Leben optimal einsetzen kann.
- Es beschreibt über *Jahrestransite* die energetische Entwicklung eines Menschen während eines Jahres.
- Es *beantwortet Fragen* mit Hilfe einer direkten und einfachen Prashna-Technik.
- Es bestimmt die *besten Himmelsrichtungen* für verschiedene Zwecke (Arbeitsplatz, Schlafplatz usw.).
- Es empfiehlt einfache *Korrekturmittel* für karmische Belastungen, die im Horoskop angezeigt werden.

MaHaBote-Software

Möchten Sie sich die Arbeit mit MaHaBote erleichtern oder sogar Menschen professionell damit beraten, dann empfehle ich Ihnen die MaHaBote-Software, die über die Interpretationen dieses Buchs hinaus die folgenden Funktionen und Anwendungsmöglichkeiten bietet:

- automatische Erstellung des MaHaBote-Horoskops mit interaktiver Darstellung des Horoskops;
- Berechnung der MaHaBote-Planetenphasen für das ganze Leben;
- Deutung und Erklärung aller Aspekte des MaHaBote-Horoskops;
- Bestimmung der Qualitäten der Himmelsrichtungen nach MaHaBote für die Einrichtung der Wohnung, die Suche nach einer Wohnung ...;
- *Prashna*-Funktion zur Beantwortung von Fragen;
- ein Ausdruck mit ausführlicher Interpretation jedes Horoskops
- und Erklärungen zu allen Funktionen von MaHaBote.

Weitere Informationen finden Sie auf unserer Website *www.veden-shop.de.*

Über den Autor

Marcus Schmieke, geboren 1966 in Oldenburg, ist mit seinen zahlreichen Büchern Pionier im Bereich *Vastu* in Europa und Begründer von *Vasati*. Nach seinem Studium der Physik in Hannover und Heidelberg unternahm er längere Studienreisen nach Indien, wo er in Klöstern nach seiner Einweihung in eine vedische Schülernachfolge u. a. *Vastu*, vedische Astrologie, Sanskrit sowie vedische Philosophie und Metaphysik studierte. Sein *Vastu*-Studium absolvierte er mit Auszeichnung am angesehenen südindischen Institut *Vastuvidyapratisthanam*.

Vedische Astrologie studierte er bei verschiedenen Meistern Nordindiens. Das Lehrbuch *Vedische Astrologie in sieben Tagen* ist das Ergebnis seines langjährigen intensiven Wegs durch den Dschungel der vedischen Astrologie. Sowohl auf seinen Reisen durch Indien als auch bei seinem Studium der vedischen Schriften begegnete Marcus Schmieke Dutzenden von astrologischen Systemen und Lehrern, doch nichts konnte seinen Ansprüchen genügen: Er suchte nach einem System, das widerspruchsfrei, praktisch anwendbar sowie innerhalb einer überschaubaren Zeit vollständig erlernbar ist. Erst in der Begegnung mit zwei wichtigen Lehrern wurde er fündig.

Mit der Systemisch-Vedischen Astrologie fasst Marcus Schmieke die Lehren zweier zeitgenössischer Meister vedischer Astrologie, die zu den bedeutendsten gehören, zu einem praktischen System zusammen, das sich in 1 bis 2 Wochen verstehen und erlernen lässt und das gleichzeitig einen tiefen spirituellen Hintergrund besitzt. Die Besonderheiten dieser Synthese sind:

1. Die Konzentration auf weniger als 20 Prozent der in einem Horoskop enthaltenen Information erbringt mehr als 80 Prozent Effektivität in der Vorhersage wichtiger Lebensereignisse.

2. Die Grundlagen der Systemisch-Vedischen Astrologie können innerhalb von 7 Tagen erlernt werden.

3. Für jede karmische Schwäche, die im Horoskop eines Menschen entdeckt wird, stehen wirkungsvolle astrale Hilfsmittel zur Verfügung, um die negativen Einflüsse zu reduzieren und die positiven zu stärken.

Nach seinem Studium der vedischen Astrologie wurde Marcus Schmieke von seinen Lehrern empfohlen, MaHa-Bote – die burmesische Astrologie – zu erlernen, um sein Verständnis für die Energie und die Wechselwirkung der Planeten im Leben eines Menschen zu verfeinern. Neben dem Wissen, das er über MaHaBote in diesem Buch präsentiert, entwickelte er eine Software, die den Umgang mit diesem System erleichtert (siehe Seite 307 f.).

Im Jahr 1994 wurde die Zeitschrift *Tattva Viveka* geboren – als Forum für Wissenschaft, Philosophie und spirituelle Kultur –, und es folgten einige Buch-Veröffentlichungen über Naturwissenschaft, Lebensprozesse und Bewusstsein (*Naturwissenschaft und Bewusstsein,* 1995; *Das Lebensfeld,* 1997; *Feinstoffliche Energien in Naturwissenschaft und Medizin,* 1997).

Mit der Gründung der Veden-Akademie auf Schloss Weißenstein 1996 schuf Marcus Schmieke ein Institut zur Integration von Wissenschaft und Spiritualität, das sich über die Grenzen Deutschlands hinaus einen Namen machte. Erst in der Sächsischen Schweiz, dann in Berlin und seit 2010 in Kränzlin ansässig, konzentriert sich die Forschung und Lehre der Veden-Akademie vor allem auf

Vasati, Vastu, Ayurveda, Sanskrit und vedische Astrologie (*Jyotish*).

Die Kraft lebendiger Räume, Marcus Schmiekes umfassendes Buch zum Thema *Vastu,* ist in deutscher Sprache zu einem Standardwerk dieses Bereichs geworden. In seinem Buch *Die zwölf Erfolgsgesetze des richtigen Wohnens* stellt er die 12 Naturgesetze der Baukunst vor. Auf der Grundlage dieses offenen Systems der Baukunst erarbeitete der Autor die erste *Vasati*-Ausbildung und das erste *Vasati*-Fernstudium in Europa.

In jüngerer Zeit entwickelt Marcus Schmieke Geräte der Energie- und Informationsmedizin, die seit 2007 unter den Marken *TimeWaver* und *Healy* auf der ganzen Welt vertrieben werden. In diese Systeme sind die Grundlagen vedischen Wissens eingeflossen.

Fernstudien der Veden-Akademie „Schloss Kränzlin"

Ausbildung in Systemisch-Vedischer Astrologie
Die Wirkung der Zeit verstehen und beeinflussen

Die Astrologie gilt in der vedischen Kultur als die Königin der Wissenschaften. Alle anderen Aspekte der Wissens- und Lebensbereiche gründen auf ihr. Sowohl *Vasati* als auch *Ayurveda* und das Chanten von Mantras werden auf der Grundlage astrologischer Analysen praktiziert.

Diese Ausbildung vermittelt die vollständigen Grundlagen, die man benötigt, um die vedische Astrologie sowohl im privaten als auch im professionellen Bereich anzuwenden. Das ist erstaunlich, da es in der herkömmlichen indischen Astrologie nicht möglich ist, sich innerhalb weniger Monate eine arbeitsfähige Grundlage zu erarbeiten. Die Systemisch-Vedische Astrologie ermöglicht das, indem sie sich auf weniger als 20 Prozent der im Horoskop enthaltenen Informationen konzentriert und daraus mehr als 80 Prozent Effektivität in der Interpretation ableitet.

Ayurveda
Ayurveda-Gesundheitsberater werden, bequem von zu Hause aus!

Ayurveda bedeutet „Wissen vom Leben". Als ganzheitliches Gesundheitssystem betrachtet es den Menschen als unteilbare Einheit von Körper, Geist und Seele und fördert die natürliche Harmonie zwischen diesen Bereichen. Nicht Gesundheit oder Krankheit einzelner Organe stehen im Vordergrund, sondern das Wohlbefinden des ganzen Menschen.

Das Besondere an unserer Ayurveda-Gesundheitsberater-Ausbildung ist, dass Sie die theoretischen Grundlagen – die den Hauptteil einer *Ayurveda*-Ausbildung ausmachen – von zu Hause aus erlernen können. Bei unserem Studium teilen Sie sich die Zeit frei ein und haben darüber hinaus jederzeit die Möglichkeit, mit dem erfahrenen und qualifizierten Ausbildungsleiter Rücksprache zu halten. Sie genießen somit den Vorteil einer direkten persönlichen Betreuung und können trotzdem bequem in aller Ruhe zu Hause lernen.

Vasati
Vedische Wohn- und Baukunst für das dritte Jahrtausend

Vasati ist die moderne Form des *Vastu*, des indischen Ursprungs von *Feng-Shui*. Es handelt sich hierbei um ein komplexes und zugleich klares System, das den Weg weist, wie Sie in Einklang mit den Naturgesetzen wohnen und bauen können. Es basiert auf den jahrtausendealten Überlieferungen von *Vastu* und den Erkenntnissen der modernen Naturwissenschaften. *Vasati* beinhaltet ein klares, widerspruchsfreies und strukturiertes System, um neue Gebäude zu bauen und Wohnungen und Häuser mit einfachen Mitteln energetisch zu optimieren, sodass sie sich mit den Naturgesetzen in Einklang befinden. Erfahren Sie selbst die Kraft lebendiger Räume mit *Vasati*!

Sanskrit
Die Sprache der Veden

Obwohl Jahrtausende alt, hat Sanskrit bis heute nichts an Aktualität und Lebendigkeit eingebüßt. Das Tor zu allen traditionellen indischen Künsten und Wissenschaften war und ist selbst in unserer Zeit das Studium grundlegender Sanskrit-Schriften. Das Sanskrit-Fernstudium ermöglicht es Ihnen, dieses Tor weit zu öffnen. Lernen Sie, Texte in der *Devanagari*-Schrift zu lesen und zu schreiben, Texte und Mantras richtig auszusprechen und einfache Sätze in Sanskrit zu bilden!

Weitere Informationen zu den Fernstudien der Veden-Akademie finden Sie auf unseren Websites:
www.veden-akademie.de
www.veden-shop.de

Astrologische Beratungen der Veden-Akademie „Schloss Kränzlin"

Das vedische Geburtshoroskop

Ihr vedisches Geburtshoroskop enthält ausführliche Informationen über Ihre Persönlichkeit, über Ihre Talente und Neigungen. Es beleuchtet Ihr vergangenes Leben und zeigt Ihnen, in welchen Lebensbereichen die größten karmischen Aufgaben liegen. Außerdem bietet es Ihnen eine Analyse aller Lebensbereiche, wie Gesundheit, Beruf, Familie und Spiritualität, und zeigt karmische Korrekturmittel auf

Das Karma-Horoskop

Dieses Horoskop beschäftigt sich mit dem Sinn Ihrer jetzigen Inkarnation. Es analysiert die Einflüsse vergangener Inkarnationen auf Ihr jetziges Leben und gibt Aufschluss über Ihre wichtigsten Lernaufgaben. Zudem beschäftigt es sich mit den Methoden der karmischen Aufarbeitung und zeigt Wege auf, wie Sie die anspruchsvollen planetaren Einflüsse in Ausgleich bringen können.

Das Kavaca-Horoskop – Ihr persönliches Schutzschild

Auf Grundlage Ihrer Geburtsdaten erhalten Sie Analysen und Vorschläge, mit denen Sie Schwachstellen Ihres Horoskops – verursacht durch negative Planeteneinflüsse – korrigieren können. Hierzu werden Farben, Edelsteine, Mantras, Yantras und Zeremonien sowie individuelle

Tätigkeiten zur Unterstützung und Transformation der Planetenenergien verwendet.

Die vedische Partnerschaftsanalyse

Die Partnerschaftsanalyse bringt Ihnen die Natur und das Wesen Ihres Partners näher. Sie erhalten einen Überblick über die gemeinsamen und die individuellen Bedürfnisse, Wünsche und Vorstellungen. Sie erfahren, in welchen Bereichen des Lebens Sie mit Ihrem Partner harmonieren und wo es zu Störungen und Blockaden kommen kann.

Das Kinderhoroskop

Das Kinderhoroskop gewährt Eltern einen profunden Einblick in die Persönlichkeit und die Potenziale ihrer Kinder. Sie bekommen ein tieferes Verständnis und Hilfsmittel an die Hand, mit denen Sie die Entwicklung Ihrer Lieben erfolgreich unterstützen können.

Die astrologische Vorausschau

Astrologische Prognosen bieten Ihnen Wissen über die Qualität der kommenden Zeit. Sie erhalten Vorschläge, wie Sie die Chancen eines bestimmten Lebensabschnitts am besten nutzen und wie Sie sich vor unnötigen Problemen durch falsche Entscheidungen schützen können.

Prashna® – Das Frage-Horoskop

Prashna heißt „Frage". Dieses astrologische Verfahren gibt Ihnen kurze und präzise Antworten auf Ihre aktuellen Fragen zu den verschiedenen Lebensbereichen, auch wenn

Ihnen Ihre Geburtszeit oder die genaue Gründungszeit Ihres Unternehmens nicht bekannt sein sollten.

Muhurta – Die Kraft des günstigen Augenblicks

Sichern Sie sich die bestmögliche Unterstützung der kosmischen Kräfte, indem Sie für den Anfang Ihrer Vorhaben einen günstigen Zeitpunkt auswählen. Damit nimmt Ihr Projekt einen guten Weg, im Berufs- wie im im Privatleben.

Weitere Informationen zu den Fernstudien und Beratungen der Veden-Akademie geben wir Ihnen gern persönlich:

Veden-Akademie „Schloss Kränzlin"
Darritzer Str. 6
D-16818 Kränzlin
Fon: 0049 (0)33 91/4 00 22 18
Fax: 0049 (0)33 91/4 00 22 99
E-Mail: *shop@veden-akademie.de*
Websites: *www.veden-akademie.de*
www.veden-shop.de

Marcus Schmieke
Sacinandana Swami

Mantras
Das große Praxisbuch

Die spirituelle Kraft des Klangs

Mit
Übungs-
CD

HANS-NIETSCH-VERLAG

www.nietsch.de

Marcus Schmieke

Vastu
für Einsteiger

Gesund und
harmonisch
wohnen

Ein
praktischer
Ratgeber

HANS-NIETSCH-VERLAG

www.nietsch.de